PIECES
DIVERSES

PIECES DIVERSES

RELATIVES

AUX OPÉRATIONS MILITAIRES

ET POLITIQUES

DU GÉNÉRAL BONAPARTE.

A PARIS,

DE L'IMPRIMERIE DE P. DIDOT L'AINÉ,

IMPRIMEUR DU SÉNAT-CONSERVATEUR,

AU PALAIS NATIONAL DES SCIENCES ET ARTS.

AN VIII.

PROCLAMATION

DU GÉNÉRAL BONAPARTE

aux soldats de terre et de mer de l'armée de la Méditerranée.

SOLDATS,

Vous êtes une des ailes de l'armée d'Angleterre.

Vous avez fait la guerre de montagnes, de plaines, de sieges; il vous reste à faire la guerre maritime.

Les légions romaines, que vous avez quelquefois imitées, mais pas encore égalées, combattoient Carthage tour-à-tour sur cette même mer, et aux plaines de Zama. La victoire ne les abandonna jamais, parceque constamment elles furent braves, patientes à supporter la fatigue, disciplinées, et unies entre elles.

Soldats, l'Europe a les yeux sur vous! vous avez de grandes destinées à remplir, des batailles à livrer, des dangers, des fatigues, à vaincre; vous ferez, plus que vous n'avez fait pour la prospérité de la patrie, le bonheur des hommes et votre propre gloire.

Soldats, matelots, fantassins, canonniers, cavaliers, soyez unis; souvenez-vous que, le jour d'une bataille, vous avez besoin les uns des autres.

Soldats, matelots, vous avez été jusqu'ici négligés; aujourd'hui la plus grande sollicitude de la république est pour vous : vous serez dignes de l'armée dont vous faites partie.

Le génie de la liberté, qui a rendu, dès sa naissance, la république, l'arbitre de l'Europe, veut qu'elle le soit des mers et des nations les plus lointaines.

LETTRES écrites au Directoire par le général en chef.

Le 30 floréal an 6.

Vous trouverez ci-joint, citoyens directeurs,

1° Un réglement pour la répression des délits à bord de l'escadre (1).

2° Copie d'une lettre écrite au citoyen Najac, pour les différents avancements dans l'arsenal (2).

Le citoyen Najac a mis autant d'activité que de zele dans l'exécution de vos ordres pour l'expédition; c'est un homme de mérite, qui entend parfaitement sa besogne.

3° Un ordre pour la punition des matelots qui se seroient débarqués de dessus l'escadre (3).

Le 8 prairial.

Nous sommes depuis deux jours en calme, à dix lieues au large du détroit de Bonifaccio.

Le convoi de Corse vient de se réunir à nous; les troupes de ce convoi sont commandées par le général Vaubois. J'attends à chaque instant le convoi de Civita-Vecchia.

(1) Voyez les pieces, à la fin, n° I.
(2) Voyez *ibidem*, n° II.
(3) Voyez *ibidem*, n° III.

Un brick anglais a été poursuivi par l'aviso *le Corcyre*, commandé par le citoyen Renould, et obligé de se jeter sur les côtes de Sardaigne, où il s'est brûlé. L'équipage de ce bâtiment nous parle toujours d'une escadre anglaise.

Le convoi de l'escadre n'a encore eu aucune espece d'avaries ni de maladies; tout continue à fort bien aller. Nos soldats travaillent nuit et jour, soit pour apprendre à grimper sur les mâtures, soit à l'exercice du canon.

Le 9, à huit heures du soir.

Le troisieme bataillon de la soixante-dix-neuvieme, auquel vous aviez depuis long-temps donné l'ordre de passer à Corfou, est encore à Ancône. J'écris à Brune pour qu'il ne perde pas un instant pour l'y faire passer. Il est bien essentiel que nos isles soient suffisamment gardées, sur-tout dans le premier moment.

Malte, le 25 prairial.

Nous sommes arrivés le 21, à la pointe du jour, à la vue de l'isle de Goze. Le convoi de Civita-Vecchia y étoit arrivé depuis trois jours.

Le 21 au soir, j'ai envoyé un de mes aides-de-camp pour demander au grand-maître la faculté de faire de l'eau dans différents mouillages de l'isle. Le consul de la république à Malte vint me porter sa réponse, qui étoit un refus absolu, ne pouvant, disoit-il, laisser entrer plus de deux bâtiments de transport à-la-fois: ce qui, calcul fait, auroit exigé plus de trois cents jours pour faire de l'eau (1).

Le besoin de l'armée étoit urgent, et me faisoit un devoir d'employer la force pour m'en procurer (2).

J'ordonnai à l'amiral Brueys de faire des préparatifs pour la descente. Il envoya le contre-amiral Blanquet avec son escadre et le convoi de Civita-Vecchia, pour l'effectuer dans la calle de Marsa-Siroco. Le convoi de Gênes débarqua à la calle Saint-Paul, celui de Marseille à l'isle de Goze.

Le général de brigade Lannes, le chef de brigade Marmont, descendirent à la portée du canon de la place. Le général Désaix fit débarquer le général Beillard avec la vingt-unieme. Il s'empara de toutes les batteries et de tous les forts qui défendoient la rade et le mouillage de Marsa-Siroco.

Le 22, à la pointe du jour, nos troupes étoient à terre sur tous les points, malgré l'obstacle d'une canonnade vive, mais extrêmement mal exécutée.

Le 22 au soir, la place étoit investie de tous les côtés, et le reste de l'isle étoit soumis.

(1) Voyez les pieces, n° IV.
(2) Voyez *ibidem*, n° V.

Le général Reynier venoit de s'emparer de l'isle de Gose; le général Baraguey-d'Hilliers, de tout le midi de l'isle de Malte, après avoir fait plusieurs chevaliers et deux cents hommes prisonniers. Le général Désaix étoit à une portée du pistolet du glacis de la Cottonere et du fort Riccazoli: il avoit fait aussi plusieurs chevaliers prisonniers.

Les malheureux habitants, effrayés au-delà de ce qu'on peut imaginer, s'étoient réfugiés dans la ville de Malte, qui se trouva par ce moyen suffisamment garnie de monde.

Pendant toute la soirée du 22, la ville canonna avec la plus grande activité. Les assiégés voulurent faire une sortie; mais le chef de brigade Marmont, à la tête de la dix-neuvieme, leur enleva le drapeau de l'ordre.

Le 22, je commençai à faire débarquer l'artillerie. Nous avons peu de places en Europe aussi fortes et aussi soignées que Malte. Je ne m'en tins pas aux seuls moyens militaires, et j'entamai différentes négociations: le résultat en a été heureux.

Le grand-maître m'envoya demander, le 22 au matin, une suspension d'armes (1).

J'ai envoyé mon aide-de-camp chef de brigade Junot au grand-maître, avec la faculté de

---

(1) Voyez les pieces, n° VI.

signer une suspension d'armes, s'il consentoit, pour préliminaires, à négocier de la reddition de la place (1).

J'envoyai les citoyens Poussielgue et Dolomieu pour sonder les intentions du grand-maître.

Le 22, à minuit, les chargés de pouvoir du grand-maître vinrent à bord de l'Orient, où ils conclurent dans la nuit la convention dont vous trouverez ci-joint les articles (2).

A la tête de la députation du grand-maître étoit le commandeur Bosredon-Ransigeat, chevalier de la ci-devant langue d'Auvergne, qui, du moment où il vit que l'on prenoit les armes contre nous, a sur-le-champ écrit au grand-maître que son devoir, comme chevalier de Malte, étoit de faire la guerre aux Turcs, et non à sa patrie; qu'en conséquence il déclaroit ne vouloir prendre aucune part à la mauvaise conduite de l'Ordre dans cette circonstance. Il fut sur-le-champ mis en prison, et il n'en sortit que pour être chargé de venir négocier.

Hier, 24, nous sommes entrés dans la place, et nous avons pris possession de tous les forts. Aujourd'hui, à midi, l'escadre y est venue mouiller (3).

---

(1) Voyez les pièces, n° VII et VIII.
(2) Voyez *ibidem*, n° IX.
(3) En entrant dans l'isle, le général Bonaparte écrivit

Je suis extrêmement satisfait de la conduite de l'amiral Brueys, de l'harmonie et de l'ensemble qui regnent dans toute l'escadre. J'ai beaucoup à me louer du zele et de l'activité du citoyen Gantheaume, chef de division de l'état-major de l'escadre.

Le citoyen Motard, capitaine de frégate, a commandé les chaloupes de débarquement. C'est un jeune officier d'espérance.

Nous avons trouvé à Malte deux vaisseaux de guerre, une frégate, quatre galeres, 1,200 pieces de canon, 1,500,000 de poudre, 40,000 fusils, etc. On vous en enverra incessamment l'état.

Vous trouverez ci-joint différents ordres que j'ai donnés pour l'établissement du gouvernement dans cette isle (1).

Vous trouverez ci-joint la liste des Français résidant à Malte, dont la plupart chevaliers, qui, un mois avant notre arrivée, ont fait des dons pour la descente en Angleterre (2).

Je vous prie d'accorder le grade de général de brigade au citoyen Marmont.

---

l'évêque de Malte une lettre qu'on trouvera, ainsi que la réponse, aux pieces qui sont à la suite de cette collection (N° X).

(1) Voyez les pieces, n° XI.
(2) Voyez *ibidem*, N° XII.

Malte, le 28 prairial.

L'escadre commence à sortir du port; et, le 30, nous comptons être tous à la voile pour suivre notre destination.

J'ai laissé, pour commander l'isle, le général de division Vaubois; c'est lui qui a commandé le débarquement, et il s'est concilié les habitants de l'isle par sa sagesse et sa douceur.

Le grand-maître part demain pour se rendre à Trieste. Sur les 600,000 francs que nous lui avons accordés, il laisse ici 300,000 francs pour payer ses dettes. Je ferai prévaloir ces 300,000 fr. sur les terres que nous avons appartenant à l'Ordre.

Je lui ai donné 100,000 francs comptant, et le payeur lui a remis quatre traites sur celui de Strasbourg, de 50,000 francs chacune, faisant les 200,000 francs. Je vous prie d'ordonner qu'elles soient acquittées (1).

Toute l'argenterie d'ici, y compris le trésor de Saint-Jean, ne nous donnera pas un million. Je laisse cet argent pour subvenir aux dépenses de la garnison et à l'achèvement du vaisseau *le Saint-Jean*.

Vous trouverez ci-joint les noms que j'ai don-

Voyez les pieces, n° XIII.

nés aux deux vaisseaux, à la frégate, et aux galeres, que nous avons trouvés ici.

Vous trouverez ci-joint la copie de plusieurs ordres que j'ai donnés. Je n'ai rien oublié de ce qui pouvoit nous assurer cette isle.

Je vous prie d'y envoyer le reste de la septieme demi-brigade d'infanterie légere, de la quatre-vingtieme et de la vingt-troisieme. Cette derniere est en Corse.

Nous avons besoin ici d'un bon corps de troupes. Rien n'égale l'importance de cette place. Elle est soignée et dans le meilleur état; mais les fortifications sont très étendues.

Je vous prie de faire rejoindre tous les hommes de nos demi-brigades qui sont restés en arriere : cela se monte à plusieurs milliers. Malte auroit aussi besoin de quatre compagnies d'artillerie à pied.

J'ai fait embarquer comme matelots tous les esclaves turcs qui étoient ici : ils nous seront utiles.

Le nombre des chevaliers de Malte français se monte à trois cents. Une partie ayant plus de soixante ans pourra rester ici. J'emmene avec moi tout ce qui avoit moins de trente ans. Le reste se rend à Antibes, afin que ceux qui n'ont pas porté les armes contre la France puissent rentrer, conformément à l'article III de la capitulation.

Malte, le 29 prairial.

Du moment que le convoi de Civita-Vecchia nous a joints, j'ai été instruit que les ordres que vous aviez donnés pour arrêter les instigateurs des troubles de Rome n'avoient pas été exécutés, et que tous les officiers avoient donné leur parole d'honneur de ne pas souffrir leur arrestation ; ce qui avoit obligé le général Saint-Cyr à se relâcher de l'exécution de vos ordres. J'ai sur-le-champ fait arrêter quatre officiers du septieme de hussards, et quatre de la soixante-unieme, qui sont désignés par les chefs comme les principaux meneurs. Je les ai destitués et renvoyés en France comme indignes de servir dans les troupes de la république. N'ayant pas le temps de faire faire leur procès, j'ordonne qu'on les tienne au fort *Lamalgue*, jusqu'à ce qu'on ait reçu vos ordres.

Malte, le 29 prairial.

Vous trouverez ci-joint l'original du traité que venoit de conclure l'ordre de Malte avec la Russie (1). Il n'y avoit que cinq jours qu'il étoit ratifié, et le courrier, qui est le même que celui que j'ai arrêté, il y a deux ans, à Ancône, n'étoit pas encore parti. Ainsi, sa majesté l'empereur de Russie nous doit des remerciements, puisque

(1) Voyez les pieces, n° XIV.

l'occupation de Malte épargne à son trésor 400,000 roubles. Nous avons mieux entendu que lui-même les intérêts de sa nation.

Cependant, si son but avoit été de préparer les voies pour s'établir dans le port de Malte, sa majesté auroit dû, ce me semble, faire les choses un peu plus en secret, et ne pas mettre ses projets tant à découvert. Mais enfin, quoi qu'il en soit, nous avons, dans le centre de la Méditerranée, la place la plus forte de l'Europe, et il en coûtera cher à ceux qui nous en délogeront.

Malte, le 30 prairial.

Le général Baraguey-d'Hilliers vous porte le grand drapeau de l'Ordre et ceux de plusieurs des régiments de Malte.

La santé de cet officier l'obligeoit de retourner à Paris.

Le général Baraguey-d'Hilliers s'est conduit toujours avec distinction à l'armée d'Italie, et s'est fort bien acquitté des différentes missions que je lui ai confiées.

Malte, le 30 prairial.

Vous trouverez ci-joint copie de nouveaux ordres pour l'organisation de l'isle (1). Vous en

---

(1) Voyez les pieces, n° XV.

trouverez, entre autres, un pour l'instruction publique.

Je vous prie d'envoyer ici trois éleves de l'école polytechnique, qui pourront vous être désignés par le citoyen Guyton. Le premier montrera l'arithmétique et la géométrie descriptive ; le second, l'algebre ; le troisieme, la méchanique et la physique. Ils seront logés et bien payés.

Vous trouverez aussi ci-joint plusieurs des meilleures vues de l'isle de Malte.

Malte, le 30 prairial.

Je vous envoie une galere en argent. C'est le modele de la premiere galere qu'a eue l'ordre de Rhodes : ainsi cela est curieux par son ancienneté.

Je vous envoie un surtout de table venant de Chine. Il servoit au grand-maître dans les grandes cérémonies ; il est assez bien travaillé.

PIECES énoncées dans les lettres et ordres du général en chef.

N° I.

RÈGLEMENT pour la répression des délits commis à bord de l'armée navale.

Bonaparte, Général en chef;

Vu que les lois existantes sur la maniere de procéder au jugement des délits militaires n'ont pas prévu le cas où se trouve l'armée, par sa composition actuelle; qu'il est juste et urgent que les troupes de terre et de mer, les soldats, matelots, et autres employés à la suite de l'armée, réunis sur les vaisseaux de la république, ne soient pas, pour le même délit, soumis à des lois différentes, soit pour la procédure, soit pour la forme des jugements;

Ordonne:

ARTICLE PREMIER.

La loi du 13 brumaire an 5, qui regle la maniere de procéder au jugement des délits militaires, sera ponctuellement et exclusivement suivie à bord des vaisseaux composant l'armée navale.

II.

Chaque vaisseau ou frégate sera considéré comme une division militaire.

III.

Il y aura, en conséquence, par chaque vaisseau ou frégate, un conseil de guerre composé de sept membres, pris dans les grades désignés par l'article II de la loi du 13 brumaire, ou dans les grades correspondants de l'armée de mer.

IV.

Les membres du conseil de guerre, le rapporteur et l'officier, chargés des fonctions de commissaire du pouvoir exécutif, seront nommés par le contre-amiral dans chaque division de l'armée navale; en cas d'empêchement légitime de quelqu'un de ses membres, il sera pourvu à son remplacement par le commandant du vaisseau.

V.

A défaut d'officier dans quelqu'un des grades désignés par l'article II de la loi du 13 brumaire, ou des grades correspondants dans la marine, il y sera suppléé par des officiers du rang immédiatement inférieur.

VI.

Les jugements prononcés par les conseils de guerre seront sujets à révision.

VII.

Il sera établi à cet effet, à bord de chaque vaisseau ou frégate de l'armée navale, un conseil permanent de révision, dans la forme indiquée par la loi du 18 vendémiaire an 6.

VIII.

Ce conseil sera composé de cinq membres du grade désigné en l'article XXI de ladite loi, ou du grade correspondant dans la marine ; et, à défaut d'officiers supérieurs, il y sera suppléé, ainsi qu'il est dit à l'article V, pour la formation du conseil de guerre.

IX.

En cas d'annullation du jugement par le conseil de révision, celui-ci renverra le fond du procès, pour être jugé de nouveau, par-devant le conseil de guerre de tel autre vaisseau qu'il désignera. Ce conseil de guerre remplira dès-lors les fonctions, et aura toutes les attributions du second conseil de guerre établi par l'article IX de la loi du 18 vendémiaire an 6.

X.

Les fonctions de commissaire du pouvoir exécutif seront remplies par un commissaire d'escadre, ou par un commissaire-ordonnateur des guerres, et, à leur défaut, par un sous-commissaire de marine ou commissaire ordinaire des guerres.

XI.

Le commandant de l'armée navale nommera les membres du conseil permanent de révision. En cas d'empêchement d'aucun de ses membres, il sera pourvu à son remplacement par le commandant du vaisseau à bord duquel le conseil devra se tenir.

XII.

Les délits commis sur les bâtiments de transport, ou autres faisant partie du convoi, seront jugés par le conseil de guerre du vaisseau ou frégate sous le commandement desquels ils se trouveront naviguer. En cas d'empêchement, les prévenus seront mis aux fers, si le cas l'exige, pour être jugés au premier mouillage ou à la premiere occasion favorable.

XIII.

Les peines portées par la loi du 21 brumaire an 5, notamment celles contre la désertion, sont applicables aux marins, et réciproquement celles portées par la loi du 22 août 1790 sont déclarées communes aux troupes de terre et à tous individus embarqués, dans les cas non prévus par la loi du 21 brumaire.

XIV.

Seront justiciables desdits conseils de guerre et de révision, le cas échéant, tous individus faisant partie de l'armée de terre et de mer et autres embarqués sur les vaisseaux.

Signé BONAPARTE.

Le général de division, chef de l'état-major-général,

Signé ALEXANDRE BERTHIER.

N° II.

AU CITOYEN NAJAC.

Le 29 floréal an 6.

Le service de l'expédition qui va avoir lieu a exigé de la part des principaux employés de l'administration des efforts où ils ont été à même de faire connoître leur zele pour la prospérité des armes de la république.

Je vous prie de témoigner aux directeurs des constructions de l'artillerie et du port, au citoyen Caviller, commissaire des approvisionnements, et en général à tous les contrôleurs, commissaires, et sous-commissaires, ma satisfaction particuliere sur leurs services dans cette circonstance essentielle.

Je vous autorise à nommer, à la place de chef des mouvements, les citoyens Aycard et Giroudroux ;

A la place de commissaires de premiere classe, les citoyens Bugevin, Pigeon, et Gobert;

A celle de seconde classe, le citoyen Desaint :

A élever au grade de commissaires de la marine les citoyens Jarquet, Giraud, Franqueville, Gallopin, Bellanges ;

A la place de sous-commissaires, les citoyens

Nicolas, et Rey, qui remplit les fonctions de sous-commissaire à la Ciotat;

A la place de commis principal, le citoyen Cappel, et de commis en second, le citoyen Ollivault.

N° III.

Au quartier-général de Toulon, le 29 floréal, an 6 de la république française une et indivisible.

BONAPARTE, membre de l'institut national, général en chef,

Ordonne les dispositions suivantes :

ARTICLE PREMIER.

Tout marin qui, étant embarqué, aura resté à terre après le départ de l'armée navale, sera traduit en prison jusqu'au départ d'un bâtiment de guerre quelconque, à l'effet de rejoindre celui dont il a déserté.

II.

Tout maître chargé, qui aura manqué le départ, sera cassé et réduit à la basse-paie de second maître.

III.

Les maîtres non chargés subiront la même punition.

IV.

Les seconds maîtres de toute classe et les contre-maîtres de la manœuvre, restés à terre, seront mis à la basse-paie de quartier-maître ou d'aide de leur profession respective.

V.

Les aides de toute classe et les quartiers-maîtres déserteurs seront réduits à la paie de matelots à 27.

VI.

Les matelots de premiere et deuxieme classe, également déserteurs, descendront à la paie de 21; ceux de troisieme et quatrieme seront réduits à celle de novice, à 18.

VII.

Dans aucun cas, les officiers, mariniers, et matelots, qui auront subi les réductions prescrites par les articles précédents, ne pourront être réintégrés dans leurs grades primitifs que par un avancement progressif d'une paie à l'autre, et de six mois en six mois, sur la demande motivée des commandants de leurs vaisseaux, qui certifieront leur exactitude et leur bonne conduite.

VIII.

Les attestations de maladie n'auront de valeur que sur la signature de la majorité des membres composant le conseil de salubrité navale. Il est défendu formellement aux commissaires de marine préposés aux détails des armements d'en admettre d'autres, sous leur responsabilité personnelle.

IX.

Il sera établi garnison chez toutes les familles des marins embarqués qui seront restés à terre après le départ de l'armée, et les garnisaires n'en seront retirés que lorsque ces déserteurs se seront présentés au bureau des armements pour y recevoir une nouvelle destination.

X.

Dans le temps que l'armée navale de la république, de concert avec l'armée de terre, se prépare à relever la gloire de la marine française, les marins dans le cas de servir, et qui restent chez eux, méritent d'être traités sans aucun ménagement. Avant de sévir contre eux, le général en chef leur ordonne de se rendre à bord de la seconde flotte qui est en armement. Ceux qui, quinze jours après la publication du présent ordre, ne se seront pas fait inscrire pour faire partie dudit armement, seront regardés comme des lâches. En conséquence, l'ordonnateur de la marine leur fera signifier individuellement l'ordre de se rendre au port de Toulon; et si, cinq jours après, ils n'ont point comparu, ils seront traités comme déserteurs.

L'ordonnateur de la marine tiendra la main à la stricte exécution du présent réglement.

N° IV.

LETTRE du consul de France à Malte, le citoyen Caruson, adressée au Grand-Maître.

Éminence, ayant été appelé pour aller à bord du vaisseau-amiral porter la réponse que votre éminence avoit faite à ma proposition de permettre à l'escadre de faire de l'eau, le général en chef Bonaparte a été indigné de ce qu'elle ne vouloit accorder la permission de faire de l'eau qu'à quatre bâtiments à-la-fois. Et, en effet, quel temps ne faudroit-il pas à cinq ou six cents voiles pour se procurer, de cette manière, l'eau et d'autres choses dont ils ont un pressant besoin. Ce refus a d'autant plus surpris le général Bonaparte, qu'il n'ignore pas la préférence accordée aux Anglais, et la proclamation faite par le prédécesseur de votre éminence.

Le général Bonaparte est résolu à se procurer de force ce qu'on auroit dû lui accorder en suivant les principes de l'hospitalité, qui est la base de votre Ordre.

J'ai vu les forces considérables qui sont aux ordres de Bonaparte, et je prévois l'impossibilité où se trouve l'Ordre de résister. Il eût été à souhaiter que, dans une circonstance si majeure, votre éminence, par amour pour son Ordre et ses chevaliers, et toute la population de Malte, eût pu proposer quelque moyen d'accommodement.

Le général n'a point voulu que je retournasse dans une ville qu'il se croit obligé désormais de traiter en ennemie, et qui n'a plus d'espoir que dans la loyauté du général Bonaparte. Il a donné les ordres les plus précis pour que la religion, les mœurs, et les propriétés des Maltais soient scrupuleusement respectées.

Le 10 juin 1798. (v. st.)

Signé CARUSON.

Pour copie conforme,

Signé CARUSON, consul.

N° V.

N. B. Pour mieux juger la conduite tenue alors envers Malte, on peut lire les pieces suivantes.

EXPOSÉ de la conduite de Malte à l'égard de la France pendant la révolution.

Dès 1791 jusqu'en 1795, ce gouvernement a ouvertement autorisé et encouragé ceux des chevaliers qui vouloient se joindre à l'armée des émigrés.

Les émigrés qui se sont réfugiés à Malte, quoique non chevaliers, ont été, par honneur et en leur qualité d'émigrés, agrégés à l'Ordre, entre autres le comte de *Narbonne-Frislar*, qui de plus a été accueilli avec la plus grande distinction.

Malgré le décret qui déclaroit biens nationaux les biens que l'Ordre possédoit en France, le grand-maître n'a pas cessé jusqu'à présent de donner les chimériques commanderies de France à mesure qu'elles vaquoient.

Lors de la déclaration de l'Espagne contre la France, tous les vaisseaux de guerre espagnols eurent ouvertement la permission de recruter des matelots à Malte, et, sur la demande de la cour d'Espagne, quatre mille fusils lui furent accordés pour ses armées de terre.

Permis aussi aux Anglais de recruter des matelots dans l'isle, et avec un tel dévouement de la part du gouvernement de Malte, qu'il prononçoit la peine des galères pour trois ans à ceux qui violoient leurs engagements.

En 1794, *Elliot*, vice-roi de Corse pour l'Angleterre, manquoit de poudre pour conserver cette conquête, il en obtint deux cents quintaux du gouvernement de Malte.

Jusqu'en 1796, tous les bâtiments français du commerce, entrant dans le port, étoient contraints de baisser le pavillon national.

Au mois de décembre dernier, deux frégates françaises, la Justice et l'Artémise, vinrent mouiller dans le port. L'agent consulaire sollicita vainement la permission de recruter des matelots; et, dans le même temps, deux corsaires anglais eurent toute facilité à cet égard.

Tous les partisans de la révolution ont été persécutés; plusieurs d'entre eux exilés sans formalité; et, dans le mois de mai 1797, un grand nombre arrêté et emprisonné comme des criminels; *Vassello*, un des hommes les plus recommandables du pays par ses profondes connoissances, condamné à être renfermé pour la vie.

De tous ces faits il résulte que Malte a été l'ennemie de la France depuis la révolution; et de son manifeste, qu'elle a été en état de guerre contre elle dès 1793.

ORDRES du Grand-Maître de Malte relatifs aux enrôlements pour la marine anglaise.

Ordre premier.

S. A. E. a ordonné et ordonne, en vertu du présent ordre, à toutes les personnes qui ont été inscrites ou qui voudront se faire inscrire comme enrôlées pour le service de l'Angleterre, de comparoître demain, vingt-sixieme jour du mois de novembre, à deux heures après midi, dans les salles du château, à l'effet de régler, avec le consul de la nation anglaise, les conditions respectives de leur engagement.

Le 23 novembre 1793.

Signé le commandeur GRIMALDI.

ORDRE II.

S. A. E. a ordonné et ordonne de prévenir, ainsi que le porte le présent avis, que quiconque s'est fait inscrire ou voudra se faire inscrire pour le service des vaisseaux de sa majesté le roi d'Angleterre, se presente demain, à deux heures après midi, à la demeure du soussigné, pour y prendre connoissance des conditions qui y seront proposées, telles que le paiement d'un mois de solde par avance, la solde par mois, et la faculté de disposer de la moitié, pour être remise à leurs familles respectives.

Le 18 décembre 1793.

Le commandeur du château, GRIMALDI.

ORDRE III.

S. A. E. a ordonné et ordonne que tous ceux qui se sont enrôlés les jours précédents, pour servir sur les vaisseaux de sa majesté britannique, s'embarquent, dans le courant de ce jour, sur la frégate anglaise qui est à l'ancre au môle voisin de *la Dogana*. Et quant à ceux qui s'enrôleront, aujourd'hui, ils s'embarqueront dans la journée de lundi prochain pour tout délai, sous peine, pour les contrevenants, d'être envoyés sur les galeres comme déserteurs, pour y servir pendant trois ans.

Le 28 décembre 1793.

Le commandeur du château, GRIMALDI.

Extrait de la gazette de Lugano, le 4 novembre 1793.

MANIFESTE du Grand-Maître de l'Ordre de Malte.

Malte, le 10 octobre 1793.

La cour de Naples ayant fait notifier au grand-maître de l'ordre souverain de Malte que, ne voulant plus entretenir de relations avec ceux qui gouvernent actuellement la France, elle avoit congédié tous les agents de ce gouvernement qui avoient résidé jusqu'alors, soit auprès de sa majesté sicilienne, soit dans les ports de ses états, S. A. E. a saisi d'abord cette occasion de fermer les ports de Malte à toute espèce de vaisseau de guerre ou de corsaire français, pendant la durée de la guerre; et aujourd'hui elle s'empresse de faire connoître, par cette déclaration authentique, que le gouvernement de Malte n'a eu aucune relation avec la France depuis que les troubles épouvantables qui se sont manifestés dans ce royaume l'ont privé d'un souverain universellement regretté.

La violation du droit des gens qui a eu lieu en France, sous plusieurs rapports, à l'égard de l'ordre de Malte, a fait penser à beaucoup de personnes, peu instruites des lois fondamentales de cet Ordre, qu'il auroit dû user de représailles; mais ces lois lui imposent une inviolable neutralité. D'ailleurs, le grand-maître n'a pas voulu se mettre dans le cas de reconnoître la prétendue république française; et, pour éviter cet inconvénient, S. A. E. a ordonné, depuis le 15 mars, au chevalier de Seytres-Caumont, l'un des membres de l'Ordre, résidant à Malte avec la qualité de chargé d'affaires du roi Louis XVI, de glorieuse mémoire, de continuer à traiter, comme par le passé, les affaires de France avec le titre qu'il avoit reçu du feu roi, et d'en conserver les armes sur sa porte. Ledit chevalier a été depuis constamment reconnu chargé d'affaires de France auprès de l'ordre de Malte, et il en remplit encore les fonctions sous la protection du grand-maître.

Cependant S. A. E. a été surprise d'apprendre, par voie indirecte, qu'un certain Eymar a été nommé pour remplacer à Malte le chevalier de Seytres-Caumont, et qu'il est déja en route pour s'y rendre. Elle déclare donc formellement qu'elle ne recevra ni n'admettra ledit personnage, ni quelque autre que ce soit, qui seroit envoyé pour résider à Malte en qualité d'agent de cette prétendue république, que le grand-maître ne doit, ne peut, ni ne veut reconnoître.

N° VI.

LE CONSUL-GÉNÉRAL
DE LA REPUBLIQUE BATAVE
AU GÉNÉRAL EN CHEF.

Malte, le 10 juin 1798, an 4 de la liberté batave.

Son altesse éminentissime le grand-maître et son conseil, m'ayant fait appeler, m'ont chargé de vous marquer, citoyen général, que, lorsqu'ils vous ont refusé l'entrée des ports, et qu'ils ont demandé à savoir votre réponse, ils avoient prétendu seulement savoir en quoi vous desiriez qu'ils dérogeassent aux lois que leur neutralité leur impose. La conduite de l'Ordre envers la république française, et la protection que cette nation lui a toujours accordée, ainsi qu'à son peuple, duquel il sera toujours inséparable, lui fait regarder une rupture comme un malheur auquel il veut mettre un terme. S. A. E. et son conseil demandent donc la suspension des hostilités, et que vous donniez à connoître quelles sont vos intentions, qui seront sans doute conformes à la générosité de la nation française et aux sentiments connus du célèbre général qui la représente.

Salut et fraternité,

Signé FRÉMEAUX, consul-général de la république batave.

N° VII.

IL est accordé, pour vingt-quatre heures, à compter depuis six heures du soir, d'aujourd'hui 11 juin 1798, jusqu'à six heures du soir, demain 12 du même mois, une suspension d'armes, entre l'armée de la république française, commandée par le général Bonaparte, représenté par le chef de brigade Junot, premier aide-de-camp dudit général, et entre son altesse éminentissime et l'Ordre de Saint-Jean de Jérusalem.

Fait double, à Malte, le 11 juin 1798.

Signé HOMPESCH, JUNOT.

N° VIII.

Le 11 juin 1798, son altesse éminentissime et le conseil ont ordonné, à l'unanimité, que la note de l'armistice sera transcrite ici dessous, et qu'ils nomment commissaires pour régler les articles de la convention, V. B. Torino Frisari, le commandeur Bosredon-Ransigeat, le baron Mario Testa Ferrata, le docteur Nicolas Muscat, l'avocat Benedetto Schembri, le conseiller Bonanno, et pour secrétaire, Doublet.

Signé Hompesch.

N.° IX.

CONVENTION arrêtée entre la République française, représentée par le citoyen général en chef BONAPARTE, *d'une part;*

Et l'Ordre des Chevaliers de saint-Jean de Jérusalem, représentée par messieurs le bailli Torino Frisari, le commandeur Bosredon-Ransigeat, le baron Mario Testa Ferrata, le docteur Nicolas Muscat, l'avocat Benedetto Schembri, et le conseiller Bonanno, de l'autre part;

Et sous la médiation de sa Majesté Catholique le roi d'Espagne, représenté par monsieur le chevalier Philippe Amati, son chargé d'affaires à Malte.

ARTICLE PREMIER.

Les chevaliers de l'Ordre de Saint-Jean de Jérusalem remettront à l'armée française la ville et les forts de Malte. Ils renoncent, en faveur de la république française, aux droits de souveraineté et de propriété qu'ils ont tant sur cette ville que sur les isles de Malte, du Gozo, et de Cumino.

II.

La république française emploiera son influence au congrès de Rastadt pour faire avoir au grand-maître, sa vie durant, une principauté équivalente à celle qu'il perd, et, en attendant, elle s'engage à lui faire une pension annuelle de trois cents mille francs. Il lui sera donné en outre la valeur de deux années de ladite pension, à titre d'indemnité pour son mobilier. Il conservera, pendant le temps qu'il restera à Malte, les honneurs militaires dont il jouissoit.

III.

Les chevaliers de l'ordre de Saint-Jean de Jérusalem qui sont français, actuellement à Malte, et dont l'état sera arrêté par le général en chef, pourront rentrer dans leur patrie ; et leur résidence à Malte leur sera comptée comme une résidence en France.

La république française emploiera ses bons offices auprès des républiques cisalpine, ligurienne, romaine, et helvétique, pour que le présent article soit déclaré commun aux chevaliers de ces différentes nations.

IV.

La république française fera une pension de sept cents francs aux chevaliers français actuellement à Malte, leur vie durant. Cette pension sera de mille francs pour les chevaliers sexagénaires et au-dessus.

La république française emploiera ses bons offices auprès des républiques cisalpine, ligurienne, romaine, et helvétique, pour qu'elles accordent la même pension aux chevaliers de ces différentes nations.

V.

La république française emploiera ses bons offices auprès des autres puissances de l'Europe, pour qu'elles conservent aux chevaliers de leur nation l'exercice de leurs droits sur les biens de l'ordre de Malte situés dans leurs états.

VI.

Les chevaliers conserveront les propriétés qu'ils possedent dans les isles de Malte et du Gozo, à titre de propriété particuliere.

VII.

Les habitants des isles de Malte et du Gozo continueront à jouir, comme par le passé, du libre exercice de la religion catholique, apostolique, et romaine. Ils conserveront les privileges qu'ils possedent; il ne sera mis aucune contribution extraordinaire.

VIII.

Tous les actes civils, passés sous le gouvernement de l'Ordre, seront valables, et auront leur exécution.

Fait double, à bord du vaisseau l'Orient, devant Malte, le 24 prairial an 6 de la république française (12 juin 1798, v. s.)

Signé le commandeur Bosredon-Ransigeat, le baron Mario Testa Ferrata, le docteur Nicolas Muscat, l'avocat Benedetto Scembri.

Le bailli de Torino Frisari, sauf le droit de

haute souveraineté, qui appartient à mon souverain le roi des deux Siciles.

Le chevalier Philippe de AMATI.

BONAPARTE.

En exécution des articles conclus le 24 prairial, entre la République française et l'Ordre de Malte, ont été arrêtées les dispositions suivantes:

ARTICLE PREMIER.

Aujourd'hui, 24 prairial, le fort Manoël, le fort Timer, le château Saint-Ange, les ouvrages de la Bormola, de la Cottonere, et de la Cité Victorieuse, seront remis, à midi, aux troupes françaises.

II.

Demain, 25 prairial, le fort de Riccazoli, le château Saint-Elme, les ouvrages de la Cité Valette, ceux de la Florianne, et tous les autres, seront remis, à midi, aux troupes françaises.

III.

Des officiers français se rendront aujourd'hui, à 10 heures du matin, chez le grand-maître, pour y prendre les ordres pour les gouverneurs, qui commandent dans les différents ports et ouvrages qui doivent être mis au pouvoir des Français. Ils seront accompagnés d'un officier maltais. Il y aura autant d'officiers qu'il sera remis de forts.

IV.

Il sera fait les mêmes dispositions que ci-dessus

pour les forts et ouvrages qui doivent être mis au pouvoir des Français, demain 25 prairial.

V.

En même temps que l'on consignera les ouvrages de fortifications, l'on consignera l'artillerie, les magasins, et papiers du génie.

VI.

Les troupes de l'ordre de Malte pourront rester dans les casernes qu'elles occupent jusqu'à ce qu'il y soit autrement pourvu.

VII.

L'amiral commandant la flotte française nommera un officier pour prendre possession aujourd'hui des vaisseaux, galeres, bâtiments, magasins, et autres effets de marine appartenants à l'ordre de Malte.

Signé BONAPARTE.
  IL. B. DI TORINO FRESARI.
  Le Commandeur, BOSREDON-
   RANSIGEAT.
  MARIA-TESTA-FERRATA.
  NICOLAS MUSCAT.
  BENEDETTO SCEMBRI.
  EL CAVALLERO FELIPPE AMATI.

Pour copie conforme,
   Signé BONAPARTE.

N° X.

A L'ÉVÊQUE DE MALTE.

A bord de l'Orient, le 24 prairial.

J'AI appris avec un véritable plaisir, monsieur l'évêque, la bonne conduite que vous avez eue, et l'accueil que vous avez fait aux troupes françaises.

Vous pouvez assurer vos diocésains que la religion catholique, apostolique, et romaine, sera non seulement respectée, mais ses ministres spécialement protégés.

Je ne connois pas de caractere plus respectable et plus digne de la vénération des hommes, qu'un prêtre qui, plein du véritable esprit de l'évangile, est persuadé que ses devoirs lui ordonnent de prêter obéissance au pouvoir temporel, et de maintenir la paix, la tranquillité, et l'union, au milieu d'un diocese.

Je desire, monsieur l'évêque, que vous vous rendiez, sur-le-champ, dans la ville de Malte, et que, par votre influence, vous mainteniez le calme et la tranquillité parmi le peuple. Je m'y rendrai moi-même ce soir. Je desire que, dès mon arrivée, vous me présentiez tous les curés et autres chefs d'ordre de Malte et autres villages environnants.

Soyez persuadé, monsieur l'évêque, du desir que j'ai de vous donner des preuves de l'estime et de la considération que j'ai pour votre personne.

AU GENERAL EN CHEF BONAPARTE.

L'évêque de Malte a l'honneur de se présenter au citoyen Bonaparte, général en chef de l'armée d'Angleterre, et de l'assurer qu'il ne manquera pas de recommander expressément à ses ecclésiastiques de maintenir le bon ordre, l'obéissance, et la tranquillité; il se flatte qu'il sera écouté, et que ses avis seront exactement suivis. Il l'assure que son intention, dans laquelle il aura soin de persévérer, est de ne prendre aucune part à tout ce qui est étranger à son ministere de pasteur. Il a le plaisir de lui annoncer que l'entrée des troupes françaises dans cette ville s'est faite avec tranquillité, et sans la moindre effusion de sang. Il se croit donc obligé d'en rendre grace au Tout-puissant par un *Te Deum* solemnel qui sera chanté après une procession publique et pompeuse qui aura lieu dans ce jour.

Il a l'avantage de se dire son dévoué et obéissant serviteur.

N° XI.

Ordre du 25 prairial.

Article premier.

Les isles de Malte et du Gozo seront administrées par une commission de gouvernement composée de neuf personnes, qui seront à la nomination du général en chef.

II.

Chaque membre de la commission la présidera à son tour pendant six mois. Elle choisira un secrétaire et un trésorier hors de son sein.

III.

Il y aura, près de la commission, un commissaire français.

IV.

Cette commission sera spécialement chargée de toute l'administration des isles de Malte et du Goze, et de la surveillance de la perception des contributions directes et indirectes. Elle prendra des mesures relatives à l'approvisionnement de l'isle. L'administration de santé sera spécialement sous ses ordres.

V.

Le commissaire-ordonnateur en chef fera un abonnement avec la commission pour établir ce qu'elle doit donner par mois à la caisse de l'armée.

VI.

La commission de gouvernement s'occupera incessamment de l'organisation des tribunaux pour la justice civile et criminelle, en le rapprochant le plus possible de l'organisation qui existe actuellement en France. La nomination des membres aura besoin de l'approbation du général de division commandant à Malte. En attendant que ces tribunaux soient organisés, la justice continuera d'être administrée comme par le passé.

VII.

Les isles de Malte et du Goze seront divisées en cantons dont le moindre aura 3,000 ames de population. Il y aura à Malte deux municipalités.

VIII.

Chaque canton sera administré par un corps municipal de cinq membres.

IX.

Il y aura dans chaque canton un juge de paix.

X.

Les juges de paix, les différentes magistratures, seront nommés par la commission de gouvernement, avec l'approbation du général de division commandant à Malte.

XI.

Tous les biens du grand-maître de l'ordre de Malte et des différents couvents des chevaliers appartiennent à la république française.

XII.

Il y aura une commission, composée de trois membres, chargée de faire l'inventaire desdits biens et de les administrer; elle correspondra avec l'ordonnateur en chef.

XIII.

La police sera tout entière sous les ordres du général de division commandant et des différents officiers sous ses ordres.

Ordre du 28 prairial.

Article premier.

Il y aura, dans chaque municipalité de la ville de Malte, un bataillon de garde nationale composé de neuf cents hommes, qui portera l'uniforme habit vert; parements et collet rouges, et passe-poil blanc. Cette garde nationale sera choisie parmi les hommes les plus riches, les marchands, et ceux qui sont intéressés à la tranquillité publique.

II.

Elle fournira tous les jours toutes les gardes et patrouilles nécessaires pour la police. Elle ne sera jamais de garde aux forts.

III.

L'institution du corps des chasseurs sera conservée.

IV.

Le général de division fera un règlement tant

pour l'organisation et le service de la garde nationale que pour l'organisation et le service des chasseurs. On donnera aux uns et aux autres la quantité d'armes nécessaires pour le service.

V.

On formera quatre compagnies de vétérans de tous les vieux soldats qui auroient été au service de l'ordre de Malte, et qui sont incapables d'un service actif.

Les deux premieres, dès l'instant qu'elles seront organisées, seront envoyées pour tenir garnison dans le fort de Corfou. On exécutera le présent article, quelques difficultés que l'on puisse rencontrer, mon intention n'étant pas que cette grande quantité d'hommes, habitués à l'ordre de Malte, continue à y rester.

VI.

On formera quatre compagnies de canonniers, à-peu-près sur le même pied que celles qui existoient ci-devant, qui seront employées dans les batteries de la côte. Il y aura, dans chacune de ces compagnies de canonniers, un officier et un sous-officier français.

VII.

Tous les individus qui voudront former une compagnie de cent chasseurs seront maîtres de la former. Eux et les officiers de ces compagnies seront conservés, et, dès l'instant qu'elles seront organisées, le général de division les fera partir pour rejoindre l'armée.

Ordre du 28 prairial.

Article premier.

Tous les habitants des isles de Malte et du Goze sont tenus de porter la cocarde tricolore. Aucun habitant de Malte ne pourra porter l'habit national français, à moins qu'il n'en ait obtenu la permission spéciale du général en chef. Le général en chef accordera la qualité de citoyen français et la permission de porter l'habit national aux habitants de Malte et du Goze qui se distingueront par leur attachement à la république, par quelque action d'éclat, trait de bienfaisance ou de bravoure.

II.

Tous les habitants de Malte sont désormais égaux en droits. Leurs talents, leur mérite, leur patriotisme, et leur attachement à la république française, établissent seuls la différence entre eux.

III.

L'esclavage est aboli : tous les esclaves connus sous le nom de *bonnivagli* seront mis en liberté, et le contrat déshonorant pour l'espece humaine qu'ils ont fait est détruit.

IV.

En conséquence de l'article précédent, tous les Turcs qui sont esclaves de quelque particulier seront remis entre les mains du général commandant, pour être traités comme prisonniers de guerre; et, vu l'amitié qui existe entre la république française et la porte ottomane, ils seront envoyés chez eux lorsque le général en chef l'ordonnera, et lorsqu'il aura connoissance que les beys consentent à renvoyer à Malte tous les esclaves français ou maltais qu'ils auroient.

V.

Dix jours après la publication du présent ordre, il est défendu d'avoir des armoiries soit à l'intérieur, soit à l'extérieur des maisons, de cacheter des lettres avec des armoiries, ni de prendre des titres féodaux.

VI.

L'ordre de Malte étant dissous, il est expressément défendu à qui que ce soit de prendre des titres de baillis, commandeurs, ou chevaliers.

VII.

On mettra dans chaque église, à la place où étoient les armes du grand-maître, celles de la république.

VIII.

Dix jours après la publication du présent ordre, il est défendu, sous quelque prétexte que ce soit, de porter des uniformes des corps de l'ancien ordre de Malte.

IX.

L'isle de Malte appartenant à la république française, la mission des différents ministres plénipotentiaires a cessé.

X.

Tous les consuls étrangers cesseront leurs fonctions, et ôteront les armes qui sont sur leurs portes, jusqu'à ce qu'ils aient reçu des lettres de créance de leur gouvernement pour continuer leurs fonctions dans la ville de Malte, devenue port de la république française.

XI.

Tous les étrangers venant et vivant à Malte seront obligés de se conformer au présent ordre, quel que soit leur grade et le rang qu'ils auroient chez eux.

XII.

Tous les contrevenants aux articles ci-dessus seront condamnés, pour la premiere fois, à une amende du tiers de leurs revenus;

La seconde, à trois mois de prison;

La troisieme, à un an de prison;

La quatrieme, à la déportation de l'isle de Malte, et à la confiscation de la moitié de leurs biens.

Ordre du 28 prairial.

Article premier.

Il sera fait un désarmement général de tous les habitants des isles de Malte et du Goze. Il ne sera accordé des armes que par une permission du général-commandant, et à des hommes dont le patriotisme sera reconnu.

II.

L'organisation des chasseurs-volontaires dans les isles de Malte et du Goze sera continuée; mais ce corps ne sera composé que d'hommes sur les services desquels on peut compter. On aura soin sur-tout d'avoir des officiers patriotes.

III.

Les signaux seront rétablis depuis la pointe du Goze à Malte.

IV.

Les lois de la santé à Malte ne seront ni plus ni moins rigoureuses que les lois de la santé à Marseille.

V.

Il sera formé une compagnie de trente volontaires, composée de jeunes gens de quinze à trente ans, et pris dans les familles les plus riches.

VI.

Le général de division désignera, dans l'espace de dix jours, à la commission de gouvernement les hommes qui doivent composer ladite compagnie. La commission de gouvernement le leur fera signifier; et, vingt jours après, ils seront obligés d'être armés d'un sabre. Ils auront le même uniforme que les guides de l'armée, à l'exception qu'ils porteront l'aiguillette et le bouton blanc.

VII.

Ceux qui ne se trouveroient pas à la revue que passera le général de division dix jours après seront condamnés, les jeunes gens à un an de prison, et les parents, jouissant du bien de la famille, à mille écus d'amende.

VIII.

La commission de gouvernement désignera les jeunes gens de neuf à quatorze ans, appartenants aux plus riches familles, lesquels seront envoyés à Paris pour être élevés dans les écoles de la république. Les parents seront tenus de leur faire 800 francs de pension, et de leur donner 600 fr. pour leur voyage. Le passage leur sera accordé sur les vaisseaux de guerre.

IX.

La commission de gouvernement enverra la liste de ces jeunes gens, au plus tard dans vingt jours, au général en chef, et ils partiront au plus tard dans un mois.

X.

Ils devront avoir pantalon et gilet bleus, parements et revers rouges, liseré blanc. Ils seront débarqués à Marseille, où le ministre de l'intérieur donnera des ordres pour les faire passer dans les écoles nationales.

XI.

Le commissaire-ordonnateur de la marine désignera à la commission de gouvernement les jeunes gens maltais appartenants aux familles les plus riches, pour pouvoir être placés comme aspirants, et pouvoir s'instruire et parvenir à tous les grades.

XII.

Comme l'éducation intéresse principalement la prospérité et la sûreté publiques, les parents dont les enfants seront désignés, et qui s'y refuseroient, seront condamnés à payer mille écus d'amende.

XIII.

Les classes pour les matelots seront rétablies comme dans les ports de France. Lorsque l'escadre aura besoin de matelots, et qu'il n'y aura pas assez de gens de bonne volonté, on prendra de préférence les jeunes gens de quinze à vingt-cinq ans. Si cela ne suffit pas, on prendra ceux de vingt-cinq à trente-cinq, et enfin ceux de trente-cinq à quarante-cinq.

Ordre du 28 prairial.

ARTICLE PREMIER.

Tous les prêtres, religieux, et religieuses, de quelque ordre que ce soit, qui ne sont pas natifs des isles de Malte et du Goze, seront tenus d'évacuer l'isle au plus tard dix jours après la publication du présent ordre: l'évêque, vu les qualités pastorales, sera seul excepté du présent ordre.

II.

Toutes les cures, bénéfices, qui, en vertu du présent ordre, seroient vacants, seront donnés à des naturels des isles de Malte et du Goze, n'étant point juste que des étrangers jouissent des avantages du pays.

III.

On ne pourra pas désormais faire de vœux religieux avant l'âge de trente ans. Il est défendu de faire de nouveaux prêtres, jusqu'à ce que les prêtres actuellement existants soient tous employés.

IV.

Il ne pourra pas y avoir à Malte et à Goze plus d'un couvent de chaque Ordre.

V.

La commission de gouvernement, de concert avec l'évêque, désignera les maisons où les individus d'un même Ordre doivent se réunir. Tous les biens qui deviendroient inutiles à la subsistance desdits couvents seront employés à soulager les pauvres.

VI.

Toutes les fondations particulieres, tous les couvents d'Ordre séculiers et corporations de pénitents, toutes les collégiales, sont supprimés. La cathédrale seule aura quinze chanoines résidant à Malte, et cinq résidant à Civita-Vecchia.

VII.

Il est expressément défendu à tout séculier, qui n'est pas au moins sous-diacre, de porter le collet ou la soutane.

VIII.

L'évêque sera tenu de remettre, dix jours après la publication du présent ordre, l'état des prêtres et le certificat qu'ils sont naturels des isles de Malte et du Goze, et l'état de ceux qui, en vertu du présent ordre, doivent évacuer le territoire.

Chaque chef d'Ordre sera tenu de remettre un pereil état au commissaire du gouvernement.

Tout individu qui n'auroit pas obtempéré au paésent ordre sera condamné à six mois de prison.

IX.

La commission de gouvernement, le commissaire près elle, le général de division, sont chargés, chacun en ce qui le concerne, de l'exécution du présent ordre.

N° XII.

ÉTAT des individus français attachés à l'Ordre de Malte qui ont fait des dons patriotiques pour la descente en Angleterre.

G<small>ASPARD</small>-J<small>OSEPH</small> <small>L'</small>E<small>STANG</small>, natif d'Arles.
Joseph David, ... de Beaune.
Jean-Baptiste Bosredon, . . de Combrailles, près Clermont.
Nicolas-François Rouger, . . de Neufchâteau.
Charles Degreisches, ... d'Hagueville.
Fulgence-Richard Belgrand, . de Château-Villain.

Jule-Marie Dacla, ... d'Orgon.
André-Louis Saint-Simon, . de Paris.
Philippe-Jean-Charles Defay, . de Chacgnolles.
Charles-Anne-Auguste Defay, . de Quincy.
Timoléon Gueidan, ... d'Aix.
François Sandilleau, . . . de Marseille.
Jean-François Breuvart, . . de Sar-Saint-Léger.
Nicolas Médicis, ... de Florence.

J'affirme le présent état véritable. A Malte, le 25 prairial an 6.

Signé Caruson.

N° XIII.

LE GRAND-MAITRE DE MALTE AU GÉNÉRAL EN CHEF.

C<small>ITOYEN</small> G<small>ÉNÉRAL</small>,

J'eusse mis un grand empressement à vous aller offrir l'expression de ma reconnoissance des constantes attentions que vous avez eues pour moi, et de la maniere infiniment prévenante avec laquelle vous avez accueilli les diverses demandes que j'ai cru pouvoir vous faire, si, par une délicatesse qui n'a pour objet que de ne rien faire qui puisse rappeler aux Maltais et ma personne et leur ancien attachement, je ne m'étois déterminé à éviter toute occasion de me montrer en public. Veuillez donc bien recevoir, par écrit, l'expression de ma sensibilité, mes adieux, et mes vœux pour vous.

C'est par une suite de la confiance, citoyen Général, que m'a donnée la connoissance particuliere de votre généreuse maniere de penser, que je vous présente, pour la derniere fois, mes vives instances pour l'exécution de la promesse que vous avez bien voulu me faire hier, relativement aux passe-ports des membres français de l'Ordre. Je joins séparément le projet d'une formule générale, qui, si vous l'adoptiez, rempliroit les vœux de tous les chevaliers, à la tranquillité et aux desirs de qui mon bonheur est de coopérer.

Desirant partir à l'heure la plus tranquille de la nuit, je vous prie, citoyen Général, de donner les ordres nécessaires pour que les portes de la ville me soient ouvertes à deux heures du matin, et je me rendrai à bord sous l'escorte de vos guides, que vous avez eu l'attention de me destiner.

J'avois eu l'honneur de vous prévenir, citoyen général, que je desirois consacrer à l'acquit des dettes que je laisse, la moitié de la somme que la république française m'accorde en indemnité, et 100,000 francs par chacun an sur la pension qu'elle m'assigne. Je vous prie en conséquence, citoyen Général, d'ordonner que cette délégation de 300,000 francs présentement et de 100,000 fr. annuellement, jusqu'à l'extinction des créances, soit remise entre les mains du citoyen Poussielgue, capitaine du port, que j'établis mon procureur-fondé, à la fin de percevoir lesdites sommes, et distribuer les paiements entre mes créanciers.

Recevez, citoyen Général, l'hommage de ma haute estime et de mon sincere attachement,

Le grand-maître,
Signé Hompesch.

Modele du passe-port proposé.

En vertu de la convention passée le.... entre.... et particulièrement de l'article III dudit traité, portant......, Il est permis à....... de se rendre en France.

N°. XIV.

CONVENTION solemnelle entre sa majesté impériale l'Empereur de toutes les Russies, et l'Ordre souverain de Malte, pour l'établissement d'un grand-pricuré de cet Ordre dans l'empire de Russie, approuvée, sanctionnée, et ratifiée, par les deux hautes parties contractantes.

AU NOM DE LA TRÈS SAINTE ET INDIVISIBLE TRINITÉ.

SA majesté l'Empereur de toutes les Russies d'une part, desirant, en sa qualité de *protecteur* de l'ordre de Malte, manifester toujours de plus en plus à son égard les sentiments d'affection, d'estime, et de considération, dont il est animé; et dans l'intention d'assurer, consolider, et augmenter dans ses états l'établissement dudit Ordre, institué déja en Pologne, et particulièrement dans les provinces polonaises passées maintenant sous la domination de l'empire de Russie; et voulant procurer à ses propres sujets, susceptibles d'être reçus dans l'illustre ordre de Malte, tous les avantages, honneurs, et prérogatives qui en dérivent: et de l'autre part, l'Ordre souverain de Malte, et son altesse éminentissime monseigneur le Grand-

Maître, connoissant tout le prix des sentiments de sa majesté impériale à leur égard, l'importance et l'utilité d'un pareil établissement dans l'empire de Russie; et desirant de leur côté de répondre aux sages et bienfaisantes dispositions de sa majesté l'empereur, pour tous les moyens et facilités admissibles avec la constitution et les lois de l'Ordre, ont, d'un commun accord, consenti à former une convention pour l'accomplissement des objets respectifs que les hautes parties contractantes se sont proposés.

En conséquence de quoi, elles ont nommé et autorisé comme leurs plénipotentiaires, savoir, sa Majesté Impériale de toutes les Russies, le sieur comte Alexandre de Bezborodko, conseiller privé actuel de la premiere classe, ministre du conseil d'état, directeur-général des postes, et chevalier des ordres de Saint-André, et de Saint-Alexandre Newski, et grand-croix de celui de Saint-Wolodimir de la premiere classe; et le sieur prince Alexandre de Kourakin, son vice-chancelier, conseiller privé actuel, ministre du conseil d'état, chambellan actuel, chevalier des ordres de Saint-André, de Saint-Alexandre Newski, de Sainte-Anne de la premiere classe, et des ordres royaux de Danebrog, et de celui de l'Union parfaite : et l'Ordre souverain de Malte, et son altesse éminentissime monseigneur le Grand-Maître, le sieur

Jules René, bailli, comte de Litta, grand-croix de l'ordre de Malte, chevalier de justice de la vénérable Langue d'Italie, commandeur de plusieurs commanderies, chevalier de l'ordre militaire de Saint-Georges de la troisieme classe, des ordres de Pologne, de l'aigle blanc, et de Saint-Stanislas, contre-amiral des armées navales de Russie, et ministre plénipotentiaire de l'ordre souverain de Malte, et de son altesse éminentissime monseigneur le grand-maître auprès de sa majesté l'empereur de toutes les Russies, lesquels, après s'être communiqué et avoir échangé leurs plein-pouvoirs, trouvés en bonne et due forme, sont convenus des articles suivants.

Article premier.

Sa majesté l'empereur de toutes les Russies, par un acte de justice, aussi bien que pour témoigner ses sentiments d'affection et de haute bienveillance pour l'illustre ordre de Malte, approuve, confirme, et ratifie, pour lui et ses successeurs à perpétuité, de la maniere la plus ample et solemnelle, l'établissement dudit ordre de Malte dans ses états.

II.

Sa majesté l'empereur reconnoissant la validité de l'établissement que l'ordre de Malte, sous la garantie de la cour impériale de Russie, a possédé en Pologne, mais dont les troubles et ensuite la dissolution de ce royaume ont suspendu l'effet et la jouissance, en compensation des revenus qui étoient assurés à l'ordre de Malte, en Pologne, sur les terres appartenantes à l'ordinatie d'Ostrog, et voulant même donner plus d'étendue, de consistance, et de solidité, au présent établissement de l'ordre de Malte dans l'empire de Russie; sadite majesté accorde très gracieusement à l'ordre de Malte, en toute propriété, la somme annuelle de trois cents mille florins de Pologne, laquelle sera perçue et distribuée par l'ordre de Malte, suivant le mode établi dans les différents articles de la présente convention.

III.

La trésorerie d'état de l'empire de Russie, de la somme totale qu'elle perçoit annuellement à titre d'emphytéose sur toutes les starosties de la Pologne qui se trouvent maintenant dans les états de l'empire de Russie, paiera annuellement à l'ordre de Malte la somme de trois cents mille florins de Pologne. Ce paiement annuel devra se faire en deux termes, c'est-à-dire, le premier, de cent cinquante mille florins de Pologne, au 30 *juin* (11 *juillet*), et le second, pareillement de cent cinquante mille florins de Pologne, pour acquit de la somme totale de trois cents mille florins de Pologne, au 31 *décembre* (11 *janvier*) de chaque année. Lesdits paiements annuels de-

vront se faire entre les mains du ministre recé-
veur de Malte, ou de son trésorier résidant dans
l'empire de Russie, ou bien de la personne qui
sera légalement autorisée à les recevoir.

IV.

La susdite somme annuelle de trois cents mille
florins de Pologne, que sa majesté impériale accorde très gracieusement à l'ordre de Malte,
sera, à perpétuité, exempte de toute retenue
quelconque, et impôt ordinaire et extraordinaire,
et formera la fondation et les revenus de l'établissement dudit Ordre dans ses états, lequel
portera la dénomination de *grand-prieuré de
Russie*.

V.

Le grand-prieuré de Russie sera composé de la
dignité du grand-prieuré et de dix commanderies.
Les revenus respectifs seront distribués chaque
année de la maniere suivante : le grand-prieuré
aura soixante mille florins de Pologne ; la premiere et la seconde commanderies, trente mille
florins de Pologne chacune ; la troisieme et quatrieme commanderies, vingt mille florins de Pologne chacune ; la cinquieme, sixieme, septieme,
huitieme, neuvieme, et dixieme, commanderies,
quinze mille florins de Pologne chacune.

VI.

La dignité du grand-prieuré paiera annuellement au vénérable commun trésor de l'ordre de Malte, à titre de responsions, douze mille florins de Pologne: toutes les dix commanderies paieront de même annuellement leurs responsions respectives fixées de la maniere suivante: la premiere et la seconde commanderies, six mille florins de Pologne chacune; la troisieme et quatrieme commanderies, quatre mille florins de Pologne chacune; la cinquieme, sixieme, septieme, huitieme, neuvieme, et dixieme, commanderies, quinze cents florins de Pologne chacune (1). Ces responsions annuelles, dues au vénérable commun trésor de l'ordre de Malte, seront prélevées de la somme totale de trois cents mille florins de Pologne par le ministre-receveur ou trésorier de l'ordre de Malte résidant dans l'empire de Russie, qui recevra les susdits revenus du grand-prieuré, et sera chargé d'en faire la susdite répartition annuelle.

VII.

Sa majesté impériale et son altesse éminentissime monseigneur le grand-maître, également convaincus de l'importance et de l'utilité d'une légation de l'ordre de Malte permanente dans l'empire de Russie, pour faciliter et maintenir une communication directe entre leurs états res-

---

(1) Voyez ci-après, page 77, l'article VI des articles additionnels.

pectifs, et, pour suivre assidument tous les détails relatifs à ce nouvel établissement, sont convenus, d'un commun accord, de destiner à cet objet la somme annuelle de vingt mille florins de Pologne, comme traitement du ministre et receveur de l'ordre de Malte en résidence dans l'empire de Russie; et en outre la somme annuelle de douze mille florins de Pologne pour l'entretien de la chapelle et des archives, et pour les honoraires des officiers du grand-prieuré et du ministre.

VIII.

Les dix-huit mille florins de Pologne restants pour compléter la somme totale de trois cents mille florins de Pologne sont destinés à subvenir annuellement aux autres frais qui auront lieu à Malte relativement au grand-prieuré de Russie.

IX.

L'ordre de Malte sera mis en jouissance de ses revenus à compter du premier janvier 1797, et la totalité de la somme de trois cents mille florins de Pologne de cette premiere année, et la somme des quatre premiers mois de l'année 1798, seront versées en entier dans le commun trésor de l'ordre de Malte à titre de dédommagement des frais de sa mission extraordinaire à Saint-Pétersbourg, et des premieres dépenses nécessaires pour l'établissement de l'ordre de Malte dans l'empire de Russie. En conséquence de quoi, le grand-prieur et les commandeurs qui seront nommés commenceront à jouir de leurs revenus respectifs depuis le premier mai de l'année 1798.

X.

Sa majesté l'empereur déclare que la dignité du grand-prieuré de Russie, de même que les commanderies qui en dépendent, ne pourront jamais, sous aucun titre, être conférées qu'aux sujets de son empire susceptibles d'être admis dans l'ordre de Malte.

XI.

Sa majesté l'empereur accorde à l'ordre de Malte une pleine liberté d'établir et suivre, dans ses nouvelles institutions dans l'empire de Russie, le régime qui lui est propre; admet et prend sous sa protection spéciale l'exécution des statuts et réglements adoptés pour son administration intérieure.

XII.

Sa majesté impériale, desirant en outre que l'illustre ordre de Malte, ainsi établi en Russie, ait dans les états de l'empire la même considération et splendeur dont il jouit dans les autres états de l'Europe, et sachant que rien ne sauroit plus contribuer à cet important objet que la stricte observance des lois et statuts de l'Ordre, elle ordonne que tous les individus qui composent et composeront à l'avenir ledit grand-prieuré de Russie s'y conforment exactement, et remplissent les devoirs prescrits par les constitutions et réglements de l'ordre de Malte, soit pour leur réception respective, soit pour tous les autres objets relatifs à leur état.

XIII.

Sa majesté l'empereur portera d'autant plus d'intérêt et d'attention à l'exécution du précédent article, qu'il sait que les devoirs de chevalier de Malte, prescrits par les sages constitutions de l'Ordre, sont toujours inséparables de ceux que tout fidele sujet a contractés envers sa patrie et son souverain.

XIV.

La réception des chevaliers de Malte et les preuves de noblesse se feront selon l'usage établi et pratiqué dans le ci-devant grand-prieuré de Pologne, de même que les droits de passage seront payés suivant la taxe fixée dans le susdit grand-prieuré.

XV.

Les chevaliers accompliront exactement les devoirs des caravanes ordinaires, et la résidence conventuelle à Malte.

XVI.

A la mort de chaque commandeur ou chevalier profès dans l'Ordre, sa dépouille, aux termes des statuts, appartiendra au commun trésor de Malte, et le procureur-général, ou l'agent de l'Ordre nommé à cet effet, sera chargé de la recueillir. La disposition du présent article ne regarde en aucune maniere les commandeurs de famille ou de jus-patronat; mais elle est seulement relative aux personnes qui ont fait leur profession réguliere dans l'Ordre.

XVII.

Tous les individus de l'ordre de Malte étant également obligés de remplir exactement leurs devoirs statutaires, c'est par le droit d'ancienneté dans l'Ordre, qui doit être compté d'après la date des réceptions respectives, que l'on parviendra à la jouissance des commanderies et du grand-prieuré. Mais le droit d'ancienneté ne sera valable que lorsqu'on aura rempli tous les autres devoirs de l'Ordre, de maniere que tout candidat, pour être préféré dans la collation des commanderies et du grand-prieuré, devra réunir en lui le droit d'ancienneté et la capacité statutaire.

XVIII.

Sa majesté l'empereur, pour donner en outre une preuve de ses sentiments personnels à l'égard de son altesse éminentissime monseigneur le grand-maître, consent que, dans le grand-prieuré de Russie, son altesse éminentissime, en qualité de chef de l'ordre de Malte, jouisse de la même prérogative magistrale qu'il exerce dans tous les autres prieurés, c'est-à-dire de conférer une commanderie de grace tous les cinq ans, lorsque, dans cet intervalle, il y en aura une vacante. Cette commanderie sera assujettie au paiement de l'annate et autres droits fixés dans les collations magistrales. L'éminentissime grand-maître ne pourra cependant faire valoir cette prééminence magistrale qu'en faveur d'un individu du grand-prieuré de Russie.

XIX.

Pour que la répartition des biens de l'ordre de Malte puisse s'étendre sur un plus grand nombre d'individus, il ne sera permis à aucun chevalier d'avoir, à titre d'ancienneté, qu'une seule commanderie à-la-fois; de sorte que l'on quittera la commanderie qu'on avoit lorsqu'on parviendra à une autre commanderie d'améliorissement. Les *émutitions* des commanderies se feront à Malte, dans le grand-prieuré de Russie, selon les lois et réglements de l'Ordre.

XX.

Les chevaliers qui, par des mérites particuliers dans l'Ordre, auront obtenu de la bienveillance de l'éminentissime grand-maître une commanderie de grace, ne seront pas compris dans le réglement porté dans l'article précédent, qui est seulement relatif aux commanderies d'ancienneté.

XXI.

Le grand-prieuré de Russie et les commanderies qui en dépendent seront assujettis, comme toutes les autres commanderies de Malte, aux droits de mortuaire et du vacant ; et le commun trésor de l'Ordre en aura, pendant ce temps, l'administration et les revenus.

XXII.

Les rentes de toute commanderie, qui restera vacante par manque de candidats, seront versées dans le commun trésor de l'Ordre, jusqu'à ce qu'un individu du grand-prieuré se rende *capax* de l'obtenir (1).

XXIII.

Sa majesté l'empereur de toutes les Russies donne de même son approbation, confirmation et ratification impériales pour toutes les commanderies de l'ordre de Malte, dites de famille ou de jus-patronat, déja instituées en Pologne, et qui sont passées maintenant sous la domination de l'empire de Russie; et sa majesté impériale déclare que toutes les conditions et clauses annoncées et stipulées dans les différents actes des susdites fondations respectives devront être entièrement et exactement remplies, sans aucune exception de part et d'autre.

XXIV.

Sa majesté l'empereur, pour contribuer de plus en plus aux avantages de l'ordre de Malte,

---

(1) Voyez, ci-après, page 77, l'article VII des articles additionnels.

à son bien être et à sa prospérité, et pour faciliter en même temps à toute la noblesse catholique de son empire, et même à ceux qui, par des circonstances particulieres, ne sont pas dans le cas de se soumettre entièrement aux devoirs statutaires de l'ordre de Malte, les moyens de participer aux distinctions, honneurs, et prérogatives, accordés à cet Ordre illustre, que sa majesté impériale n'a cessé de respecter et chérir; elle daigne accorder dès à présent, une fois pour toujours, la permission et sanction impériales pour toutes les fondations à venir de commanderies de famille, ou de jus-patronat, pour lesquelles tous ceux qui voudront suivre cette noble institution devront s'adresser directement à l'ordre de Malte, ou à son représentant dans l'empire de Russie, soit pour convenir des conditions réciproques, soit pour en rédiger l'acte des fondations respectives, et en obtenir de Malte l'approbation nécessaire. Les commanderies de famille seront intitulées, dans l'ordre de Malte, d'après les noms des familles fondatrices.

XXV.

Le grand-prieuré de Russie tiendra, dans le chef-lieu de sa résidence, les assemblées capitulaires, et particulièrement celle fixée au 23 juin, veille de la fête de S.-Jean-Baptiste, patron de l'ordre de Malte. Le vénérable chapitre reconnoîtra et dirigera toutes les affaires du grand-prieuré qui sont de son ressort, tiendra registre de ses délibérations, et, en fera à Malte la communication requise.

XXVI.

Le vénérable chapitre sera présidé par le grand-prieur, et, en son absence, par le plus ancien commandeur.

XXVII.

Relativement à la proposition et décision des affaires, l'on suivra les réglements capitulaires fixés par les statuts de l'Ordre.

XXVIII.

Le ministre plénipotentiaire de Malte, dans l'empire de Russie, en qualité de procureur-général de son altesse éminentissime monseigneur le grand-maître, du sacré conseil de l'Ordre, et du commun trésor, y sera le rapporteur né de toutes les affaires qui y seront décidées à la pluralité des voix, en observant qu'en cas de parité le grand-prieur en aura deux pour la décision. Toutes les affaires discutées et décidées selon les termes des statuts, coutumes, et priviléges de l'Ordre, auront leur effet sans délai; et, lorsqu'elles sortiront de l'ordre ordinaire, les résolutions devront être envoyées à Malte, avant que d'être exécutées.

XXIX.

Tous les chevaliers profès de l'ordre de Malte, qui se trouveront à portée, seront obligés d'assister aux chapitres, où ils auront tous voix délibérative, et prendront séance selon leur rang et ancienneté, et suivant les réglements capitulaires de l'Ordre. Les chevaliers novices assisteront aux chapitres, sans voix délibérative.

XXX.

Tous les commandeurs de famille seront invités aux chapitres, où ils prendront séance avec tous les autres commandeurs, suivant l'ancienneté de la fondation de chaque commanderie. Ils auront voix consultative; et, lorsqu'il s'agira de quelque objet relatif aux commanderies patronales, ils auront voix délibérative.

XXXI.

Afin de donner à tous les chevaliers de l'ordre de Malte, qui seront en même temps dans le service militaire ou civil de sa majesté l'empereur de toutes les Russies, les facilités de remplir tous les devoirs de leur Ordre, il leur sera accordé des permissions de s'absenter, toutes les fois que les susdits devoirs l'exigeront indispensablement.

XXXII.

Comme tous les autres grands-prieurés, en retenant les couleurs distinctives de l'Ordre, ont des uniformes particuliers, sa majesté impériale et son altesse éminentissime monseigneur le grand-maître fixeront celui du grand-prieuré de Russie.

XXXIII.

Le grand-prieur et les commandeurs seuls auront le droit de porter la croix de l'Ordre en sautoir; tous les autres chevaliers devront porter la petite croix à la boutonniere.

XXXIV.

Les chevaliers honoraires en Russie, c'est-à-dire ceux qui, sans avoir fait des preuves de noblesse dans l'ordre de Malte, ont obtenu la permission de se décorer de la croix dite de Dévotion ou de grace, porteront la petite croix à la boutonniere, et ne pourront porter l'uniforme particulier du grand-prieuré de Russie, sans une permission spéciale de sa majesté l'empereur et de l'éminentissime grand-maître.

XXXV.

Tous les chevaliers honoraires en Russie devront légitimer et faire enregistrer, dans la chancellerie du grand-prieuré, les titres par lesquels ils sont autorisés à se décorer des marques de l'Ordre.

XXXVI.

Sa majesté l'empereur de toutes les Russies accorde enfin très gracieusement dans ses états à l'Ordre de Malte tous les privileges, prérogatives, et honneurs, dont cet Ordre illustre jouit ailleurs, et qu'il tient de la considération et affection des autres souverains.

XXXVII.

La présente convention sera ratifiée par sa majesté l'empereur de toutes les Russies, et par l'Ordre souverain de Malte et son altesse éminentissime monseigneur le grand-maître; et les ratifications en seront échangées dans l'espace de quatre mois, à compter du jour de la signature, ou plutôt, si faire se peut. En foi de quoi, les soussignés plénipotentiaires ont signé la présente convention, et y ont apposé le cachet de leurs armes. Fait à Saint-Pétersbourg, le 4 (15) janvier 1797.

A. C. de Bezborodko. (L. S.)

      Fr. J. Réné B. C. de Litta. (L. S.)

Le prince A. Kourakin. (L. S.)

ARTICLES SÉPARÉS.

Article premier.

Les arrérages dus à l'ordre de Malte en Pologne, provenants de la non jouissance de ses revenus depuis l'année 1788, y compris les quatre mille ducats d'or dus encore dès l'origine de l'établissement de l'ordre de Malte en Pologne, d'après le traité de 1775 jusqu'à l'époque de la prise de possession des terres d'Ostrog et de leurs dépendances, et l'incorporation qui s'en est faite à la domination de l'empire de Russie en 1793, seront compris dans la masse des dettes de la ci-devant république de Pologne, pour être vérifiés lors de la liquidation générale qui en sera faite, et, comme tels, être acquittés d'après le mode adopté pour le paiement des dettes de la république en général.

Le présent article séparé aura la même force et valeur que s'il étoit inséré mot pour mot dans la convention conclue ce même jour, et sera ratifié en même temps. En foi de quoi, les soussignés plénipotentiaires l'ont signé, et y ont apposé le cachet de leurs armes. Fait à Saint-Pétersbourg, le 4 (15) janvier 1797.

A. C. de Bezborodko. (L. S.)

Fr. J. Réné B. C. de Litta. (L. S.)

Le prince A. Kourakin. (L. S.)

II.

Quant aux arrérages qui sont dus à l'ordre de Malte depuis l'année 1793 inclusivement, époque à laquelle lesdites provinces polonaises sont passées sous la domination de l'empire de Russie, jusqu'au 31 décembre 1796; sa majesté l'empereur, pour donner encore une preuve de son affection et de sa bienveillance pour l'illustre ordre de Malte, en se réservant de prendre dans la suite les arrangements qu'elle jugera convenables relativement à la totalité des susdits arrérages dus à l'ordre de Malte depuis l'époque annoncée dans le présent article, déclare très gracieusement accorder dès à présent à l'ordre de Malte le paiement de la somme partielle qui est due en propre au vénérable commun trésor de l'Ordre, provenante des responsions annuelles non perçues ; lesquelles, étant fixées à vingt-quatre mille florins de Pologne par an, forment la somme totale de quatre-vingt-seize mille florins de Pologne pour les quatre années révolues depuis ladite époque ; par conséquent, sa majesté impériale daigne fixer, pour le paiement de ladite somme, cinq mille ducats de Hollande en faveur de l'ordre de Malte, lesquels seront payés à l'époque de l'échange des ratifications de la présente convention.

Le présent article séparé aura la même force et valeur que s'il étoit inséré mot pour mot dans la convention conclue ce même jour, et sera ratifié en même temps. En foi de quoi, les soussignés plénipotentiaires l'ont signé, et y ont apposé le cachet de leurs armes. Fait à Saint-Pétersbourg, le 4 (15) janvier 1797.

A. C. de Bezborodko. (L. S.)
   Fr. J. Réné B. C. de Litta. (L. S.)
Le prince A. Kourakin. (L. S.)

III.

Le grand-prieuré de Russie, remplaçant dans l'ordre de Malte le ci-devant grand-prieuré de Pologne, sera incorporé comme celui-ci l'a été jusqu'à présent dans l'ancienne langue d'Angleterre, qui a été remise en activité dans l'ordre de Malte.

Son altesse éminentissime monseigneur le grand-maître, et le sacré conseil de l'Ordre, s'occuperont à l'avenir directement eux-mêmes afin que cette incorporation soit faite d'après la constitution et les lois de l'Ordre, les principes de l'équité, et les convenances réciproques.

Le présent article séparé aura la même force et valeur que s'il étoit inséré mot pour mot dans la convention conclue ce même jour, et sera ratifié en même temps. En foi de quoi les soussignés plénipotentiaires l'ont signé, et y ont apposé le cachet de leurs armes. Fait à Saint-Pétersbourg, le 4 (15) janvier 1797.

A. C. de Bezborodko (L. S.)

    Fr. J. Réné B. C. de Litta. (L. S.)

Le prince A. Kourakin (L. S.)

I V.

Comme, tous les paiements énoncés dans la présente convention sont exprimés en florins de Pologne, et comme il est important d'ôter à l'avenir tout embarras et altération qui pourroient résulter dans lesdits paiements par la différence du change, les hautes parties contractantes sont convenues, d'un commun accord, d'en déterminer une valeur fixe et immuable, d'après laquelle devront se faire, à perpétuité et sans aucune altération, les paiements respectifs convenus dans la présente convention, et tous les paiements qui auront lieu dans le grand-prieuré de Russie. Sa majesté impériale et son altesse éminentissime monseigneur le grand-maître ont, par conséquent, fixé d'une maniere irrévocable la valeur dudit florin de Pologne à vingt-cinq copecks de Russie.

Le présent article séparé aura la même force et valeur que s'il étoit inséré mot pour mot dans la convention conclue ce meme jour, et sera ratifié en même temps. En foi de quoi les soussignés plénipotentiaires l'ont signé, et y ont apposé le cachet de leurs armes. Fait à Saint-Pétersbourg, le 4 (15) janvier 1797.

A. C. de Bezborodko. (L. S.)
Fr. J. Réné B. C. de Litta. (L. S.)
Le prince A. Kourakin. (L. S.)

ARTICLES ADDITIONNELS.

Les plénipotentiaires de sa majesté l'empereur de toutes les Russies, et celui de l'ordre souverain de Malte et de son altesse éminentissime le grand-maître, ayant jugé convenable d'ajouter encore à la convention signée par eux à Saint-Pétersbourg, le 4 (15) janvier de la présente année, quelques stipulations concernant l'établissement de l'ordre de Malte en Russie, ont arrêté et signé, en vertu de leurs pleins-pouvoirs respectifs, les articles additionnels suivants.

Article premier.

Sa majesté l'empereur de toutes les Russies, approuvant que, dans le grand-prieuré de Russie, il y ait des chapelains conventuels pour le service des églises de l'Ordre, soit en Russie, soit à Malte, daigne ajouter aux concessions déjà mentionnées dans la susdite convention, une nouvelle fondation de trois commanderies affectées à la classe des chapelains conventuels, de six mille florins de Pologne par an chacune, payables par la trésorerie d'état de l'empire de Russie, selon la même évaluation et aux termes stipulés dans ladite convention.

II.

Les responsions annuelles desdites trois commanderies envers le vénérable commun trésor de l'Ordre sont fixées à mille florins de Pologne pour chacune.

III.

Les chapelains conventuels du grand-prieuré de Russie feront leurs preuves de réception, paieront les droits de passage au vénérable commun trésor, et rempliront tous les devoirs statutaires, conformément à ce qui a été établi à leur égard en 1776 par le dernier chapitre général de l'Ordre, et jouiront de tous les droits, avantages, honneurs, et prérogatives, qui leur sont assignés par les lois. Les susdits chapelains conventuels parviendront à la jouissance de leurs commanderies par droit d'ancienneté dans l'Ordre, et suivant leur capacité statutaire.

IV.

Sa majesté l'empereur accorde qu'à l'instar de ce qui est établi dans les autres grands-prieurés il y ait dans le grand-prieuré de Russie un chapelain conventuel, Maltais de nation, qui sera choisi parmi les familles les plus illustres du pays, et qui auront bien mérité de l'ordre.

V.

Sa majesté l'empereur laisse à son altesse éminentissime le grand-maître, dès à présent, et pour tous les cas à venir à perpétuité, la nomination dudit chapelain maltais. Cette nomination magistrale sera portée chaque fois à la connoissance de la cour impériale, et sera enregistrée selon les formes dans le grand-prieuré de Russie. Ledit chapelain maltais sera tenu de remplir tous les devoirs statutaires, et jouira dans le grand-prieuré de Russie, en vigueur de sa nomination, des mêmes droits, honneurs, et prérogatives, dont jouiront les chapelains conventuels sujets de sa majesté l'empereur de toutes les Russies, sauf les restrictions particulieres prescrites par les statuts à l'égard des chapelains maltais, et qui sont en vigueur dans les autres grands-prieurés de l'Ordre.

VI.

Les responsions annuelles des six dernières commanderies, fixées par la convention à quinze cents florins de Pologne, seront portées à trois mille florins de Pologne par an pour chacune.

VII.

Pour éviter toute espece de discussion qui pourroit s'élever à l'avenir sur l'interprétation de l'article XXII de la convention, l'on est convenu que les fruits de toute commanderie qui restera vacante par manque de candidat, à commencer du jour de sa vacance jusqu'au moment où quelqu'un qui se sera rendu *capax* l'aura obtenue, soient entièrement destinés au vénérable commun trésor de l'Ordre, et que, seulement du jour où celui-ci l'aura obtenue par l'*émutition* légale de la langue, devra commencer le cours du mortuaire et du vacant, conformément au statut IX et à l'ordination XIV, titre du commun trésor.

VIII.

Les présents articles additionnels auront la même force et valeur que s'ils étoient insérés mot pour mot dans la convention conclue à Saint-Pétersbourg, le 4 (15) janvier 1797. Ils seront ratifiés par sa majesté l'empereur de toutes les Russies, et par l'ordre souverain de Malte et son altesse éminentissime le grand-maître, et les ratifications échangées en même temps.

En foi de quoi, nous, les plénipotentiaires respectifs, les avons signés, et y avons apposé le cachet de nos armes.

Fait à Saint-Pétersbourg, le 17 (28) novembre 1797.

A. C. de Bezborodko. (L. S.)
      Fr. J. Réné B. C. de Litta. (L. S.)
Le prince A. Kourakin. (L. S.)

AU NOM DE LA TRÈS SAINTE ET INDIVISIBLE TRINITÉ.

Sa Majesté l'Empereur de toutes les Russies, d'une part, desirant, en sa qualité de *protecteur de l'ordre de Malte*, manifester toujours de plus en plus à son égard les sentiments d'affection, d'estime, et de considération, dont il est animé, et connoissant tout l'avantage qu'il peut procurer à ses états et à ses fideles sujets en donnant une plus grande étendue à l'établissement dudit Ordre dans l'empire de Russie, à l'effet de faire participer toute l'illustre noblesse de son empire aux mêmes honneurs et distinctions dont jouissent les sujets admissibles dans ce grand-prieuré de Russie, institué par la convention signée à Saint-Pétersbourg, le 4 (15) janvier 1797 :

Et, de l'autre part, l'Ordre souverain de Malte et son altesse éminentissime monseigneur le Grand-Maître, animés de la plus vive reconnoissance pour les sentiments et les bienfaits de sa majesté l'empereur, et voulant concourir de leur côté, par tous les moyens et facultés qui peuvent se concilier avec la constitution et les lois de l'Ordre, à l'accomplissement d'un objet d'une si grande importance et utilité pour toute la noblesse de l'empire de Russie, et vers lequel sont dirigées les intentions bienfaisantes de sa majesté l'empereur, ont, d'un commun accord, consenti à former une convention pour l'arrangement des objets respectifs que les hautes parties contractantes se sont proposés.

En conséquence de quoi elles ont nommé et autorisé, comme leurs ministres plénipotentiaires, savoir : sa majesté impériale de toutes les Russies, les sieurs N. N. ;

Et l'ordre souverain de Malte et son altesse éminentissime monseigneur le grand-maître, le sieur N N. ; lesquels, après s'être communiqué et avoir échangé leurs pleins-pouvoirs, et trouvé en bonne et due forme, sont convenus des articles suivants :

Article premier.

Sa majesté l'empereur de toutes les Russies, connoissant combien les institutions de l'illustre ordre de Malte sont propres à inspirer et maintenir dans la plus grande énergie et pureté le sentiment de l'honneur et l'amour de la gloire qui distinguent la noblesse de son empire, par un acte de sa munificence, fonde dans ses états, en faveur de l'ordre de Malte, un nouvel établissement pour la noblesse de la religion grecque.

II.

Pour la fondation de ce nouvel établissement de l'ordre de Malte dans l'empire de Russie, sa majesté l'empereur assigne et accorde très gracieusement, à perpétuité, de la maniere la plus ample et solemnelle, un revenu annuel de 200,000 roubles, lequel sera administré, perçu, et réparti, suivant le mode établi dans les différents articles de la présente convention.

III.

La trésorerie d'état de l'empire de Russie paiera annuellement à l'ordre de Malte la somme de 200,000 roubles. Ce paiement annuel devra se faire en deux termes; c'est-à-dire, le premier, de 100,000 roubles, au 30 *juin* (11 *juillet*), et le second, pareillement de 100,000 roubles, pour acquit de la somme totale de 200,000 roubles, au 31 *décembre* (11 *janvier*), de chaque année. Lesdits paiements annuels devront se faire entre les mains du ministre receveur de Malte, ou de son trésorier, résidant dans l'empire de Russie, ou bien de celui qui sera légalement autorisé à les recevoir, lequel en fera ensuite la répartition énoncée et fixée dans les différents articles de la présente convention.

IV.

Sa majesté l'empereur déclare que la susdite somme annuelle de 200,000 roubles qu'il accorde très gracieusement à cette fondation sera, à perpétuité, exempte de toute retenue quelconque, ou impôt ordinaire ou extraordinaire, en sorte que ce nouvel établissement de l'ordre de Malte fondé dans l'empire de Russie jouira, à perpétuité, en totalité et sans la moindre déduction quelconque, de ladite somme annuelle de 200,000 roubles.

V.

Ce nouvel établissement, fondé pour la noblesse de la religion grecque, sera composé de quatre-vingt-quatre commanderies de différents rapports, et dont les revenus respectifs seront fixés de la maniere suivante : Deux commanderies de 6,000 roubles de rente annuelle pour chacune ; deux commanderies de 5,000 roubles annuels pour chacune ; quatre commanderies de 4,000 roubles chacune ; six commanderies de 3,000 roubles chacune ; huit commanderies de 2,500 roubles chacune ; douze commanderies de 2,000 roubles chacune ; dix-huit de 1,500 roubles chacune ; et trente-deux de 1,200 chacune.

VI.

Toutes les quatre-vingt-quatre commanderies sus-mentionnées paieront annuellement au vénérable commun trésor de l'ordre de Malte, à titre de responsions, le 20 pour 100 sur leurs rentes respectives, d'après la répartition indiquée dans l'article précédent. Les susdites commanderies paieront, en outre, annuellement le 5 pour 100 pour exemption du droit qui appartient au vénérable commun trésor de l'Ordre sur la dépouille de chaque possesseur après son decès, auquel droit sont assujettis tous les chevaliers de Malte, et dont, par cette contribution annuelle sus-mentionnée de 5 pour 100, seront exempts, à perpétuité, les chevaliers de Russie de religion grecque.

VII.

Ce qui reste pour compléter la somme totale de 200,000 roubles sera distribué chaque année de la maniere suivante : En faveur du grand hôpital de Malte, 10,000 roubles annuels ; pour la défense de l'isle et les réparations des fortifications, 10,000 roubles ; pour les frais de la mission permanente à Saint-Pétersbourg, 4,000 roubles ; pour l'entretien de la chapelle de la religion grecque, y compris ses desservants, 4,600 roubles ; et, pour la réparation de la maison, et autres frais extraordinaires, 6,000 roubles.

VIII.

L'ordre de Malte sera mis en jouissance des revenus assignés à son nouvel établissement dans l'empire de Russie, et qui fonde l'objet de la présente convention, à compter du premier juillet jusqu'au premier janvier 1799, faisant, pour la demi-année, 100,000 roubles, qui seront versés en entier dans le vénérable commun trésor de l'ordre de Malte ; en conséquence de quoi les commandeurs qui seront nommés ne commenceront à jouir de leurs revenus respectifs qu'à dater du premier janvier de l'année 1799.

IX.

Les hautes parties contractantes sont convenues, d'un commun accord, de fixer et assigner dans les articles de la présente convention les devoirs que les chevaliers de Russie de la religion grecque devront remplir, indispensablement et sans aucune exception, pour être admis dans cet établissement de l'ordre de Malte, et pour s'habiliter à obtenir ensuite les commanderies fondées par la présente convention.

X.

Les devoirs prescrits sont les suivants,

1° Faire les preuves de noblesse, d'après le mode qui sera établi par une commission nommée parmi les quatre-vingt-quatre premiers commandeurs, et dans laquelle sera compris le représentant de l'ordre de Malte dans l'empire de Russie, et lequel mode sera ensuite approuvé et sanctionné à Malte.

2° Payer au vénérable commun trésor à Malte le droit de passage, soit de majorité, soit de minorité, au moment de la réception, à l'instar de tous les autres chevaliers de l'Ordre, et satisfaire à tous les droits et taxes établis dans l'ordre de Malte. Le passage de majorité, c'est-à-dire pour tous ceux qui sont reçus après l'âge de 15 ans, est fixé à 1,200 roubles; le passage de minorité, c'est-à-dire pour tous ceux qui seront reçus avant ledit âge, est fixé à 2,400 roubles.

3° Faire les quatre caravanes ordinaires, soit à Malte, sur les escadres de l'Ordre, soit dans les armées de Russie, contre les infideles. Six mois de campagne seront comptés pour une caravane. Pour constater d'avoir accompli le devoir des caravanes, il faudra être muni d'un certificat des chefs et commandants militaires, exprimant le temps du service et la bonne conduite.

4° N'être point débiteur ni envers le vénérable commun trésor à Malte, ni envers le vénérable grand-prieuré de Russie.

XI.

Tout individu qui voudra être admis dans ce nouvel établissement de l'ordre de Malte dans l'empire de Russie devra indispensablement remplir les devoirs énoncés sous les n° 1 et 2 de l'article précédent; et, pour s'habiliter ensuite à l'expédition des commanderies, et en obtenir à l'occasion des vacances futures, il devra indispensablement avoir rempli tous les devoirs énoncés dans le même article précédent, sous les n° 1, 2, 3, et 4.

XII.

Tous les chevaliers qui seront reçus dans ce nouvel établissement de l'ordre de Malte seront obligés de remplir exactement les devoirs prescrits par la présente convention, et c'est par le droit d'ancienneté, qui doit être compté d'après la date des réceptions respectives, que l'on parviendra, dans les vacances successives, à la jouissance des commanderies ; mais le droit d'ancienneté ne sera valable que lorsqu'on aura rempli les devoirs prescrits : ensorte que tout candidat, pour être préféré dans la collation des commanderies vacantes, devra réunir en lui le droit d'ancienneté, et l'accomplissement de tous les devoirs qui lui sont prescrits par la présente convention.

XIII.

Un commandeur pourra, à l'occasion des vacances successives, en quittant la commanderie qu'il avoit déja, être admis à la jouissance d'une commanderie dite d'améliorissement, c'est-à-dire d'un meilleur rapport; mais un commandeur, pour s'habiliter à obtenir, dans l'*émutition* des commanderies, cet améliorissement, devra avoir le droit d'ancienneté, n'être point débiteur envers le vénérable commun trésor de l'Ordre, ni envers le vénérable grand-prieuré de Russie.

XIV.

Les quatre-vingt-quatre commanderies de cette nouvelle institution seront assujetties, comme toutes les autres commanderies de Malte, aux droits de mortuaire et du vacant, lesquels seront réglés d'après les lois et l'usage observés dans tous les grands-prieurés. Le vénérable commun trésor de l'Ordre aura, pendant le terme prescrit du mortuaire et du vacant, l'administration et les revenus de la commanderie vacante.

XV.

Les rentes de toute commanderie qui restera vacante par manque de candidat seront versées en entier dans le vénérable commun trésor de l'Ordre, jusqu'à ce qu'un individu se rende *capax* de l'obtenir ; et ce sera seulement du jour où celui-ci l'aura obtenue légalement que devra commencer le cours du mortuaire et du vacant, conformément au statut 9 et à l'ordination 14, titre du commun trésor.

XVI.

Son altesse éminentissime monseigneur le grand-maître de l'ordre souverain de Malte laisse à sa majesté l'empereur la premiere nomination des quatre-vingt-quatre commandeurs et des quatre-vingt-quatre chevaliers qui auront l'expectative des commanderies à l'occasion des vacances successives, d'après le rang de priorité qui leur aura été assigné par sa majesté l'empereur dans cette premiere nomination.

XVII.

Les susdits premiers quatre-vingt-quatre commandeurs seront dispensés du devoir de faire leurs caravanes. Les premiers quatre-vingt-quatre chevaliers nommés par sa majesté l'empereur, et qui auront l'expectative aux commanderies, paieront, à l'époque de leur nomination seulement, la moitié du droit de passage qui a été fixé; mais, lorsqu'ils seront dans le cas d'obtenir dans la suite les commanderies, ils devront payer le complément de leur passage, et satisfaire à tous les droits et taxes fixés dans l'ordre de Malte.

XVIII.

Sa majesté l'empereur laisse dans ce nouvel établissement à son altesse éminentissime monseigneur le grand-maître, chef de l'ordre de Malte, l'exercice de sa prérogative magistrale, de conférer une commanderie de grace tous les cinq ans, lorsque, dans cet intervalle, il en vaquera quelqu'une parmi les susdites quatre-vingt-quatre commanderies qui forment ce nouvel établissement.

XIX.

Les commanderies qui, en vertu de la concession de sa majesté l'empereur énoncée dans le précédent article, seront conférées par l'éminentissime grand-maître à titre de grace, seront assujetties au paiement de l'annate et aux autres droits fixés dans les collations magistrales. L'éminentissime grand-maître ne pourra cependant faire valoir cette prééminence magistrale qu'en faveur d'un individu admis dans ce nouvel établissement de l'ordre de Malte.

XX.

L'éminentissime grand-maître, voulant conférer les commanderies de grace magistrale comme une récompense du mérite, desire que sa majesté l'empereur lui désigne les individus qui, par leurs services personnels, auront bien mérité du souverain, de l'état, et de l'ordre de Malte, et seront les plus dignes de cette préférence.

XXI.

Pour que la répartition des biens assignés à ce nouvel établissement de l'ordre de Malte puisse s'étendre sur un plus grand nombre d'individus, il ne sera permis à aucun chevalier d'avoir, à titre d'ancienneté, qu'une seule commanderie à-la-fois; de sorte que l'on quittera la commanderie qu'on avoit, lorsqu'on sera dans le cas d'opter une commanderie dite d'améliorissement. Les *émutitions* des commanderies se feront d'après les conditions, et suivant les réglements énoncés dans les articles de la présente convention.

XXII.

Les chevaliers qui, par des mérites particuliers, auront obtenu de la bienveillance de l'éminentissime grand-maître une commanderie de grace, ne seront pas compris dans le réglement porté dans l'article précédent, qui est seulement relatif aux commanderies d'ancienneté.

XXIII.

Sa majesté l'empereur de toutes les Russies, pour contribuer de plus en plus aux avantages de l'ordre de Malte, à son bien-être, et à sa prospérité, et pour faciliter en même temps à tous les individus de la noblesse de son empire, et même à ceux qui, par des circonstances particulieres, ne sont pas dans le cas de se soumettre entièrement aux devoirs prescrits dans les articles de la présente convention, les moyens de participer aux distinctions, honneurs, et prérogatives, assignés aux chevaliers de Russie admis et reçus dans ce nouvel établissement de l'ordre de Malte, daigne accorder dès à présent, une fois pour toujours, la permission et sanction impériale pour toutes les fondations à venir des commanderies de famille ou de jus-patronat, pour lesquelles tous ceux qui voudront suivre cette noble institution devront s'adresser directement à l'ordre de Malte ou à son représentant dans l'empire de Russie, soit pour convenir des conditions réciproques, soit pour rédiger l'acte des fondations respectives, et en obtenir de Malte l'approbation nécessaire.

XXIV.

Les commanderies de famille ou de jus-patronat seront à perpétuité intitulées dans l'ordre de Malte, et par-tout où besoin sera, d'après les noms des familles fondatrices. Les commandeurs de famille jouiront de tous les honneurs, priviléges, et prérogatives, qui leur sont assignés dans les conventions respectives entre l'empire de Russie et l'ordre souverain de Malte.

XXV.

Les commandeurs de ce nouvel établissement s'assembleront dans la maison appartenante au grand-prieuré de Russie, de l'ordre de Malte, pour reconnoître et diriger les affaires, soit pour l'administration et l'économie, soit pour l'observance, interprétation, et exécution des réglemens et conditions arrêtés et stipulés dans la présente convention, en y observant les regles prescrites pour ces assemblées.

XXVI.

Le ministre plénipotentiaire de Malte dans l'empire de Russie, en qualité de procureur-général de son altesse éminentissime monseigneur le grand-maître, du suprême conseil de l'Ordre, et du vénérable commun trésor, y aura séance d'après son rang et ancienneté. Il sera le rapporteur né de toutes les affaires, qui seront décidées à la pluralité des voix, selon les formes et usages observés dans l'ordre de Malte, et selon les réglements prescrits dans la présente convention. On tiendra registre des délibérations relatives, et on fera à Malte la communication requise.

XXVII.

La présente convention sera ratifiée par sa majesté l'empereur de toutes les Russies, et par l'ordre souverain de Malte, et son altesse éminentissime monseigneur le grand-maître, et les ratifications en seront échangées aussi promptement que faire se peut. En foi de quoi, les soussignés plénipotentiaires ont signé la présente convention, et y ont fait apposer le cachet de leurs armes.

Fait à Saint-Pétersbourg.

N° XV.

Ordre du 29 prairial.

ARTICLE PREMIER.

Les prêtres latins ne pourront pas officier dans l'église qui appartient aux Grecs.

II.

Les messes que les prêtres latins ont coutume de dire dans les églises grecques seront dites dans les autres églises de la place.

III.

Il sera accordé protection aux Juifs qui voudront établir une synagogue.

IV.

Le général-commandant remerciera les Grecs établis à Malte de la bonne conduite qu'ils ont tenue pendant le siege.

V.

Tous les Grecs des isles de Malte et du Goze, et des départements d'Ithaque, de Corcyre, et de la mer Égée, qui conserveront des relations quelconques avec les Russes, seront condamnés à mort.

VI.

Tous les bâtiments grecs qui naviguent sous pavillon russe, s'ils sont pris par des bâtiments français, seront coulés bas.

Ordre du 29 prairial.

ARTICLE PREMIER.

Les femmes et les enfants des grenadiers de la garde du grand-maître et du régiment de Malte, qui partent avec la flotte française, recevront :

Les femmes, vingt sous par décade ; les enfants au-dessous de dix ans, dix sous par décade.

II.

Tous les garçons au-dessus de dix ans seront

embarqués sur les bâtiments de la république, comme mousses.

III.

Il sera fait, par le payeur, une retenue d'un centime sur la paie de chaque grenadier ou soldat, du régiment de Malte, qui a des enfants.

IV.

Les femmes des sous-officiers auront trente sous par décade, et les enfants au-dessous de dix ans, quinze sous.

V.

La retenue en sera faite sur les appointements de leur mois.

VI.

La commission du gouvernement de Malte est chargée de l'exécution du présent ordre.

Ordre du 30 prairial.

Article premier.

La commission du gouvernement se divisera en bureau et en conseil.

II.

Le bureau sera composé de trois membres, y compris le président.

III.

Le conseil nommera tous les six mois un des deux membres qui doivent composer le bureau.

IV.

Le bureau sera en activité constante de service; chacun des membres aura 4,000 francs d'appointements.

V.

Le conseil ne se réunira qu'une fois par décade, pour prendre connoissance de ce qu'aura fait le bureau.

VI.

Il leur sera accordé à chacun un traitement de 1,000 francs par an.

VII.

Les membres du bureau seront, pour cette fois, le citoyen N.... pour six mois, et le citoyen N.... pour un an.

VIII.

Le commissaire de gouvernement aura 6,000 francs d'appointements: outre ses frais de bureau, il lui sera accordé, sur l'extraordinaire, une gratification pour son établissement.

Ordre du 30 prairial.

Article Premier.

Le général de division commandant a la police générale de l'isle et du port; aucun bâtiment ne peut ni entrer ni sortir qu'en conséquence de son réglement.

II.

La commission de gouvernement est chargée de l'organisation civile, judiciaire, et administrative.

III.

Elle ne peut rien faire que sur la demande du commissaire, ou après avoir ouï son rapport; les conclusions du commissaire devront être mises dans toutes les délibérations de la commission.

IV.

Tout ce qui est réglement ne peut être publié, ni avoir son effet, que visé par le commandant et le général de division.

V.

La commission des domaines est chargée de faire l'inventaire de tous les meubles et immeubles appartenant à la république, ainsi que de l'administration de tous les biens nationaux.

VI.

Elle enverra tous les mois les inventaires qu'elle aura faits et le bordereau de ce qu'elle aura reçu au commissaire du gouvernement.

VII.

Elle ne pourra faire aucune vente qu'en conséquence d'un ordre du général en chef; et, s'il survenoit des circonstances extraordinaires qui exigeassent des fonds, le général de division, le commissaire du gouvernement, le commissaire des guerres, et la commission, se réuniroient et prendroient un arrêté, en conséquence duquel on seroit autorisé à vendre jusqu'à la concurrence de 150,000 francs. Le commissaire du gouvernement seroit alors chargé de faire un réglement, et d'en suivre tous les détails.

VIII.

La commission des domaines n'aura pas d'autre payeur que celui de la division militaire, qui aura un registre et une caisse particuliere pour les objets y relatifs.

IX.

Le général commandant l'isle aura seul le droit de contrôler et de se mêler de l'administration du pays. Les généraux commandant sous lui, les commandants de place, et autres agents militaires, ne se mêleront en aucune maniere des objets administratifs. Le général-commandant ne pourra jamais être représenté par un de ses subordonnés.

Ordre du 30 prairial.

ARTICLE PREMIER.

Les impôts établis seront provisoirement maintenus. Le commissaire du gouvernement et la commission administrative en assureront la perception.

II.

Dans le plus court délai, il sera établi un systême

d'impositions nouvelles, de maniere que le produit total, pris sur

    Les douanes,
    Le vin,
    L'enregistrement,
    Le timbre,
    Le tabac,
    Le sel,
    Les loyers de maison,
    Et les domestiques,

s'éleve à 720,000 francs.

III.

De cette somme, il sera versé chaque mois 50,000 francs dans la caisse du payeur de l'armée. Ce versement n'aura lieu cependant que dans trois mois, et jusques-là la caisse des domaines nationaux y suppléera.

IV.

Les 120,000 francs restants seront laissés pour fournir aux frais d'administration, justice, etc., selon l'état par apperçu ci-joint.

V.

Cet état sera arrêté définitivement par la commission de gouvernement avec le commissaire de la république française, lors de l'organisation des tribunaux, et des diverses parties du service administratif.

VI.

Le pavé des villes, et l'entretien pour la pro-

preté et les lumieres, sera payé par les habitants.

VII.

L'entretien des fontaines, par un droit qui sera établi sur les bâtiments qui font de l'eau, ainsi que les gages des employés attachés à ce service.

VIII.

Il sera établi un droit de passe pour l'entretien des routes.

IX.

L'instruction publique sera payée avec les biens qui y sont déja affectés; et, en cas d'insuffisance, avec ceux des fondations et couvents supprimés, suivant l'ordre précédent du général en chef.

X.

Les gages des magistrats de santé et frais y relatifs seront payés par un droit sur les vaisseaux et sur les voyageurs.

XI.

Le mont-de-piété sera maintenu, et le commissaire du gouvernement pourvoira à son organisation nouvelle.

XII.

L'établissement dit de l'Université, pour l'approvisionnement en grains de l'isle, sera maintenu, en séparant l'administration ancienne à compter du premier messidor; et le commissaire du gouvernement sera tenu de l'organiser de maniere à ne laisser aucune inquiétude à la république sur l'approvisionnement de l'isle.

XIII.

Les hôpitaux seront organisés sur des bases nouvelles, et il sera pourvu à leurs besoins par des biens des couvents ou fondations supprimées; ceux qui y sont déja affectés leur seront conservés.

XIV.

La poste aux lettres sera organisée de maniere à couvrir, par la taxe des lettres, la dépense qu'elle occasionnera.

XV.

Les dépenses relatives au passage de l'armée, aux fournitures faites pour elle, à l'établissement du nouveau gouvernement, seront prises sur les fonds qui resteront disponibles pendant les trois mois où le gouvernement ne paiera rien à l'armée.

XVI.

Le commissaire du gouvernement est autorisé à régler, provisoirement, les cas non prévus, en rendant compte de la détermination au général en chef.

Ordre du 30 prairial.

ÉCOLES PRIMAIRES.

Article premier.

Il sera établi dans les isles de Malte et du Goze quinze écoles primaires.

II.

Les instituteurs des écoles enseigneront aux élèves à lire et écrire en français, les éléments de calcul et du pilotage, et les principes de la morale et de la constitution française.

III.

Les instituteurs seront nommés par le commissaire du gouvernement.

IV.

Ils seront logés dans une maison nationale à laquelle sera attaché un jardin.

V.

Leur salaire en argent sera de mille francs dans les villes, et de huit cents francs dans les casals.

VI.

Il sera affecté au paiement de chaque instituteur une portion suffisante des biens des couvents supprimés.

VII.

La distribution des écoles et les réglements sur leur administration et régime seront confiés à la commission de gouvernement.

ÉCOLE CENTRALE.

Article premier.

Il sera établi à Malte une école centrale qui remplacera l'université et les autres chaires.

II.

Elle sera composée :

1° D'un professeur d'arithmétique, et de stéréotomie, aux appointements de 1,800 francs;

2° D'un professeur d'algebre et de stéréotomie, aux appointements de 2,000 francs;

3° D'un professeur de géométrie et d'astronomie, aux appointements de 2,400 francs;

4° D'un professeur de mécanique et de physique, aux appointements de 3,000 francs;

5° D'un professeur de navigation, aux appointements de 2,400 francs;

6° D'un professeur de chymie, aux appointements de 1,800 francs;

7° D'un professeur de langues orientales, aux appointements de 1,200 francs;

8° D'un bibliothécaire, chargé des cours de géographie, aux appointements de 1,000 francs.

III.

A l'école centrale seront attachés :

1° La bibliotheque et le cabinet d'antiquités;

2° Un muséum d'histoire naturelle;

3° Un jardin de botanique;

4° L'observatoire.

IV.

Une somme de trois mille francs sera affectée à l'entretien du matériel de l'école centrale.

V.

On vendra pour 300,000 francs de biens nationaux pour la fondation de l'approvisionnement de siege.

VI.

Le commissaire du gouvernement se concertera avec le commissaire des domaines pour la vente desdits biens.

Ordre du 30 prairial.

Le commissaire-ordonnateur ouvrira un crédit sur le payeur de la place, de

3,000 francs par mois pour le commandant de l'artillerie;

4,000 francs par mois pour le commandant du génie;

25,000 francs par mois pour la marine;

3,000 francs par mois pour l'extraordinaire, à la disposition du général-commandant.

Ordre du 30 prairial.

ARTICLE PREMIER.

Les commissaires des domaines nationaux auront chacun 4,000 francs d'appointements par an.

II.

Ceux qui ne sont pas établis dans le pays auront six mois d'appointements en forme de gratification pour leur établissement.

III.

Sur les fonds provenants des domaines, il sera accordé également une somme de 6,000 francs au commissaire du gouvernement pour son établissement, dont 3,000 francs seront payés sur les premiers fonds, et 3,000 francs dans six mois.

IV.

Les frais de logement et de bureau de la commission ne pourront pas excéder la somme de 12 à 15,000 francs par an.

V.

Les professeurs formeront ensemble un conseil qui s'occupera des moyens de perfectionner l'instruction, et proposera à la commission de gouvernement les mesures d'administration qu'il jugera nécessaires.

VI.

Les appointements des professeurs, le salaire des employés, dont l'état aura été arrêté par la commission de gouvernement, et les dépenses nécessaires pour l'entretien des divers établissements, seront payés sur les fonds ci-devant affectés à l'entretien de l'université et de la chaire des langues orientales.

VII.

Il sera affecté au jardin de botanique un terrain de trente arpents, que la commission de gouvernement désignera sans délai parmi les terreins les plus fertiles et les plus près de la ville.

VIII.

Il sera fait à l'hôpital de la ville de Malte des leçons d'anatomie, de médecine, et d'accouchement, par les officiers qui y sont attachés.

Ordre du 30 prairial.

Article premier.

On affectera pour l'hôpital, des fonds des couvents ou dotations supprimés, jusqu'à la concurrence de 40,000 francs de rente. On prendra de préférence toutes les dotations qui existent déjà affectées aux hospices, quelque dénomination qu'elles aient.

II.

On affectera des biens nationaux pour 300,000 francs, pour les créanciers du grand-maître.

III.

On vendra pour 300,000 francs de biens nationaux pour subvenir aux besoins de la garnison et de la marine.

Ordre du 30 prairial.

Article premier.

L'évêque n'exercera d'autre justice qu'une police sur les ecclésiastiques ; toutes procédures relatives aux mariages seront du ressort de la justice civile et criminelle.

II.

Il est expressément défendu à l'évêque, aux ecclésiastiques, et aux habitants de l'isle, de rien recevoir pour l'administration des sacrements, le devoir de leur état étant de les administrer *gratis*. Ainsi les droits d'étole, et autres pareils, restent abolis.

III.

Aucun prince étranger ne pourra avoir d'influence ni dans l'administration de la religion, ni dans celle de la justice. Ainsi aucun ecclésiastique ni habitant ne pourra avoir recours au pape ni à aucun métropolitain.

FIN.

On trouve, chez P. Didot l'aîné, aux galeries du
Palais national des Sciences et Arts,

Mémoires sur l'Égypte, publiés, pendant les campagnes du général Bonaparte, dans les années VI et VII; 1 volume in-8°, imprimé sur papier fin, avec deux cartes géographiques.

LIVRE PREMIER.

Au quartier-général d'Alexandrie, le 18 messidor an 6 de la république.

BONAPARTE, général en chef,
Au Directoire exécutif.

L'armée est partie de Malte le premier messidor, et arrivée le 13 à la pointe du jour devant Alexandrie. Une escadre anglaise, que l'on dit très forte, s'y étoit présentée trois jours avant, et avoit remis un paquet pour les Indes.

Le vent étoit grand frais, et la mer très houleuse; cependant je crus devoir débarquer de suite. La journée se passa à faire les préparatifs du débarquement. Le général Menou, à la tête de sa division, débarqua le premier près du Marâbouth, à une lieue et demie d'Alexandrie.

Je débarquai avec le général Kleber, et une autre partie des troupes, à onze heures du soir. Nous nous mîmes sur-le-champ en marche pour nous porter sur Alexandrie. Nous apperçûmes à la pointe du jour la colonne Pompée. Un corps de Mamloùks et Arabes commençoient à escarmoucher avec nos avant-postes ; mais nous nous portâmes rapidement, la division du général Bon à la droite, celle du général Kleber au centre, celle du général Menou à la gauche, sur les diffé-

Au quartier-général du Caire, le 6 thermidor an 6 de la république.

BONAPARTE, général en chef,
Au Directoire exécutif.

Le 19 messidor, l'armée partit d'Alexandrie. Elle arriva à Damenhoùr le 20, souffrant beaucoup, à travers ce désert, de l'excessive chaleur, et du manque d'eau.

Combat de Rahhmânyéh.

Le 22, nous rencontrâmes le Nil à Rahhmânyéh, et nous nous rejoignîmes avec la division du général Dugua, qui étoit venue par Rosette en faisant plusieurs marches forcées.

La division du général Desaix fut attaquée par un corps de 7 à 800 Mamloùks qui, après une canonnade assez vive, et la perte de quelques hommes, se retirerent.

Bataille de Chebr-khéïs.

Cependant j'appris que Mourâd bey, à la tête de son armée composée d'une grande quantité de cavalerie, ayant huit ou dix grosses chaloupes canonnieres, et plusieurs batteries sur le Nil, nous attendoit au village de Chebr-khéïs. Le 24 au soir, nous nous mîmes en marche pour nous en approcher. Le 25 à la pointe du jour, nous nous trouvâmes en présence.

Nous n'avions que deux cents hommes de cavalerie éclopés et harassés encore de la traversée, les Mamloùks avoient un magnifique corps de cavalerie, couvert d'or et d'argent, armés des meilleures carabines et pistolets de Londres, des meilleurs sabres de l'Orient, et montés peut-être sur les meilleurs chevaux du continent.

L'armée étoit rangée, chaque division formant un bataillon carré, ayant les bagages au centre et l'artillerie dans les intervalles des bataillons. Les bataillons rangés, les deuxieme et quatrieme divisions derriere les premiere et troisieme. Les cinq divisions de l'armée étoient placées en échelons, se flanquant entre elles, et flanquées par deux villages que nous occupions.

Le citoyen Perrée, chef de division de la marine, avec trois chaloupes canonnieres, un chébec et une demi-galere, se porta pour attaquer la flottille ennemie. Le combat fut extrêmement opiniâtre. Il se tira de part et d'autre plus de cent cinquante coups de canon. Le chef de division Perrée a été blessé au bras d'un coup de canon, et, par ses bonnes dispositions, et son intrépidité, est parvenu à reprendre trois chaloupes canonnieres, et la demi-galere, que les Mamloùks avoient prise, et à mettre le feu à leur amiral. Les citoyens Monge et Berthollet, qui étoient sur le chébec, ont montré dans des moments difficiles beaucoup de courage. Le général Andréossy, qui commandoit les troupes de débarquement, s'est parfaitement conduit.

La cavalerie des Mamloùks inonda bientôt toute la plaine, déborda toutes nos ailes, et chercha de tous côtés sur nos flancs et nos derrieres le point foible pour pénétrer; mais par-tout elle trouva que la ligne étoit également formidable, et lui opposoit un double feu de flanc et de front. Ils essayerent plusieurs fois de charger, mais sans s'y déterminer. Quelques braves vinrent escarmoucher, ils furent reçus par des feux de pelotons de carabiniers placés en avant des intervalles des bataillons. Enfin, après être restés une partie de la journée à demi-portée de canon, ils opérerent leur retraite, et disparurent. On peut évaluer leur perte à trois cents hommes tués ou blessés.

Nous avons marché pendant huit jours, privés de tout, et dans un des climats les plus brûlants du monde.

Le 2 thermidor au matin, nous apperçûmes les pyramides.

Le 2 au soir, nous nous trouvions à six lieues du Caire; et j'appris que les vingt-trois beys, avec toutes leurs forces, s'étoient retranchés à Embâbéh, qu'ils avoient garni leurs retranchements de plus de soixante pieces de canon.

Bataille des Pyramides.

Le 3, à la pointe du jour, nous rencontrâmes les avant-gardes, que nous repoussâmes de village en village.

A deux heures après midi, nous nous trouvâmes en présence des retranchements et de l'armée ennemie.

J'ordonnai aux divisions des généraux Desaix et Reynier de prendre position sur la droite entre Djyzéh et Embâbéh, de maniere à couper à l'ennemi la communication de la haute Égypte, qui étoit sa retraite naturelle. L'armée étoit rangée de la même maniere qu'à la bataille de Chebr-khéïs.

Dès l'instant que Mourâd bey s'apperçut du mouvement du général Desaix, il se résolut à le charger, et il envoya un de ses beys les plus braves avec un corps d'élite qui, avec la rapidité de l'éclair, chargea les deux divisions. On le laissa approcher jusqu'à cinquante pas, et on l'accueillit par une grêle de balles et de mitraille, qui en fit tomber un grand nombre sur le champ de bataille.

Ils se jeterent dans l'intervalle que formoient les deux divisions, où ils furent reçus par un double feu qui acheva leur défaite.

Je saisis l'instant, et j'ordonnai à la division du général Bon, qui étoit sur le Nil, de se porter à l'attaque des retranchements, et au général Vial, qui commande la division du général Menou, de se porter entre le corps qui venoit de le charger et les retranchements, de maniere à remplir le triple but,

D'empêcher le corps d'y rentrer;

De couper la retraite à celui qui les occupoit;

Et enfin, s'il étoit nécessaire, d'attaquer ces retranchements par la gauche.

Dès l'instant que les généraux Vial et Bon furent à portée, ils ordonnerent aux premieres et troisiemes divisions de chaque bataillon de se ranger en colonnes d'attaque, tandis que les deuxiemes et quatriemes conservoient leur même position, formant toujours le bataillon carré qui ne se trouvoit plus que sur trois de hauteur, et s'avançoit pour soutenir les colonnes d'attaque.

Les colonnes d'attaque du général Bon, commandées par le brave général Rampon, se jeterent sur les retranchements avec leur impétuosité ordinaire, malgré le feu d'une assez grande quantité d'artillerie, lorsque les Mamloùks firent une charge. Ils sortirent des retranchements au grand galop. Nos colonnes eurent le temps de faire halte, de faire front de tous côtés, et de les recevoir la baïonnette au bout du fusil, et par une grêle de balles. A l'instant même le champ de bataille en fut jonché. Nos troupes eurent bientôt enlevé les retranchements. Les Mamloùks en fuite se précipiterent aussitôt en foule sur leur gauche. Mais un bataillon de carabiniers, sous le feu duquel ils furent obligés de passer à cinq pas, en fit une boucherie effroyable. Un très grand nombre se jeta dans le Nil, et s'y noya.

Plus de 400 chameaux chargés de bagages, cinquante pieces d'artillerie, sont tombés en notre pouvoir. J'évalue la perte des Mamloùks à deux mille hommes de cavalerie d'élite. Une grande partie des beys a été blessée ou tuée. Mourâd bey a été blessé à la joue. Notre perte se monte à 20 ou 30 hommes tués et à 120 blessés. Dans la nuit même, la ville du Caire a été évacuée. Toutes leurs chaloupes canonnieres, corvettes, bricks, et même une frégate, ont été brûlés, et le 4, nos troupes sont entrées au Caire. Pendant la nuit, la populace a brûlé les maisons des beys, et commis plusieurs excès. Le Caire, qui a plus de trois cent mille habitants, a la plus vilaine populace du monde.

Après le grand nombre de combats et de batailles que les troupes que je commande ont liyrés contre des forces supérieures, je ne m'aviserois point de louer leur contenance et leur sang-froid dans cette occasion, si véritablement ce genre tout nouveau n'avoit exigé de leur part une patience qui contraste avec l'impétuosité française. S'ils se fussent livrés à leur ardeur, ils n'auroient point eu la victoire, qui ne pouvoit s'obtenir que par un grand sang-froid et une grande patience.

La cavalerie des Mamloùks a montré une grande bravoure. Ils défendoient leur fortune, et il n'y a pas un d'eux sur lequel nos soldats n'aient trouvé trois, quatre, et cinq cents louis d'or.

Tout le luxe de ces gens-ci étoit dans leurs chevaux et leur armement. Leurs maisons sont pitoyables. Il est difficile de voir une terre plus fertile et un peuple plus misérable, plus ignorant, et plus abruti. Ils préferent un bouton de nos soldats à un écu de six francs; dans les villages ils ne connoissent pas même une paire de ciseaux. Leurs maisons sont d'un peu de boue. Ils n'ont pour tout meuble qu'une natte de paille et deux ou trois pots de terre. Ils mangent et consomment en général fort peu de chose. Ils ne connoissent point l'usage des moulins, de sorte que nous avons bivouacqué sur des tas immenses de blé, sans pouvoir avoir de farine. Nous ne nous nourrissions que de légumes et de bestiaux. Le peu de grains qu'ils convertissent en farine, ils le font avec des pierres; et, dans quelques gros villages, il y a des moulins que font tourner des bœufs.

Nous avons été continuellement harcelés par des nuées d'Arabes, qui sont les plus grands voleurs et les plus grands scélérats de la terre, assassinant les Turcs comme les Français, tout ce qui leur tombe dans les mains. Le général de brigade Muireur et plusieurs autres aides-de-camp et officiers de l'état-major ont été assassinés par ces misérables. Embusqués derriere des digues et dans des fossés, sur leurs excellents petits chevaux, malheur à celui qui s'éloigne à cent pas des colonnes. Le général Muireur, malgré les représentations de la grande garde, seul, par une fatalité que j'ai souvent remarqué accompagner ceux qui sont arrivés à leur derniere heure, a voulu se porter sur un monticule à deux cents pas du camp; derriere étoient trois Bédouyns, qui l'ont assassiné. La république fait une perte réelle: c'étoit un des généraux les plus braves que je connusse.

La république ne peut pas avoir une colonie plus à sa portée et d'un sol plus riche que l'Egypte. Le climat est très sain, parceque les nuits sont fraîches. Malgré quinze jours de marche, de fatigues de toute espece, la privation du vin, et même de tout ce qui peut alléger la fatigue, nous n'avons point de malades. Le soldat a trouvé une grande ressource dans les pasteques, espece de melons d'eau qui sont en très grande quantité.

L'artillerie s'est spécialement distinguée. Je vous demande le grade de général de division pour le général de brigade Dommartin. J'ai promu au grade de général de brigade le chef de brigade Destaing, commandant la quatrieme demi-brigade ; le général Zayonschek s'est fort bien conduit dans plusieurs missions importantes que je lui ai confiées.

L'ordonnateur Sucy s'étoit embarqué sur notre flottille du Nil, pour être plus à portée de nous faire passer des vivres du Delta. Voyant que je redoublois de marche, et desirant être à mes côtés lors de la bataille, il se jeta dans une chaloupe canonniere, et, malgré les périls qu'il avoit à courir, il se sépara de la flottille. Sa chaloupe échoua; il fut assailli par une grande quantité d'ennemis. Il montra le plus grand courage ; blessé très dangereusement au bras, il parvint, par son exemple, à ranimer l'équipage, et à tirer la chaloupe du mauvais pas où elle s'étoit engagée.

Nous sommes sans aucunes nouvelles de France depuis notre départ.

Je vous enverrai incessamment un officier avec tous les renseignements sur la situation économique, morale, et politique de ce pays-ci.

Je vous ferai connoître également, dans le plus grand détail, tous ceux qui se sont distingués, et les avancements que j'ai faits.

Je vous prie d'accorder le grade de contre-amiral au citoyen Perrée, chef de division, un des officiers de marine les plus distingués par son intrépidité.

Je vous prie de faire payer une gratification de 1,200 livres à la femme du citoyen Larrey, chirurgien en chef de l'armée. Il nous a rendu, au milieu du désert, les plus grands services par son activité et son zele. C'est l'officier de santé que je connoisse le plus fait pour être à la tête des ambulances d'une armée.

Signé BONAPARTE.

Certifié conforme à l'original.
  Le général de division, chef de l'état-major-général de l'armée.
                Alex. BERTHIER.

RELATION de la fête du Nil, le premier fructidor, an 6 de la république. (1213 de l'hégire.)

Le général en chef, accompagné de tous les généraux et de l'état-major de l'armée, du kiâyâ, du pâchâ, du dyvân, du mollâ, de l'âghâ des janissaires, s'est rendu à 6 heures du matin au Méqyâs. Un peuple immense couronnoit tous les monticules qui bordent le Nil et le canal.

Toute la flottille pavoisée, et une partie de la garnison sous les armes, formoient un coup-d'œil aussi grand, aussi imposant qu'agréable : l'arrivée du cortege au Méqyâs fut marquée par plusieurs salves; la musique française et arabe jouoit plusieurs airs pendant le temps que l'on travailloit à la coupée de la digue.

Un instant après, le Nil franchit la digue et entra comme un torrent dans le canal, d'où il porte la fertilité dans la campagne du Caire.

Le général jeta plusieurs milliers de médyns au peuple et beaucoup de pieces d'or au bateau qui passa; il revêtit de la pelisse noire le mollâ, et le a'qyb redjâl de la pelisse blanche, et il fit distribuer 38 qafthâns aux principaux officiers : après quoi, tout le cortege retourna sur la place d'El-bekyr, suivi par un peuple immense qui chantoit les louanges du prophete, de l'armée française, en maudissant les beys et leur tyrannie. Oui, disoit-il, vous êtes venus nous délivrer par l'ordre de dieu miséricordieux, car vous avez pour vous la victoire et le plus beau Nil qu'il y ait eu depuis un siecle; ce sont deux bienfaits que dieu seul peut accorder.

On a célébré tous ces jours-ci, avec la plus grande pompe, la fête de la naissance du prophete. Depuis le 2 fructidor jusqu'au 6, les maisons du général Dupuy, du général en chef, du cheykh-êl-bekry, étoient illuminées. Les nuits, à dix heures, des processions de fideles sont venues chanter les louanges du prophete, et faire des danses aux flambeaux. Hier, à huit heures du soir, après avoir fait une parade extraordinaire d'une partie de la garnison, les officiers français d'état-major et de la garnison, précédés d'une grande quantité de flambeaux et d'une musique militaire, se sont rendus chez le cheykh-êl-bekry. Des décharges d'artillerie ont annoncé le départ et l'arrivée.

Après avoir assisté à un magnifique soupé, servi selon l'usage du pays, le général en chef est retourné à son logement, et on a commencé à tirer un feu d'artifice, fait par les artificiers du pays, qui a parfaitement réussi.

Le matin, le général en chef avoit revêtu le

cheykh-êl-bekry, en présence de tout le dyvân, de la pelisse d'hermine, en lui conférant la place de naqyb êl-êcherâf, vacante par l'émigration de O'mar Efendy, qui l'occupoit auparavant.

Au quartier-général du Caire, le 2 fructidor an 6 de la république.

BONAPARTE, *général en chef*, *Au Directoire exécutif.*

Le 18 thermidor, j'ordonnai à la division du général Reynier de se porter à El-khânkah, pour soutenir le général de cavalerie Leclerc, qui se battoit avec une nuée d'Arabes à cheval, et de paysans du pays qu'Ibrâhym bey étoit parvenu à soulever. Il tua une cinquantaine de paysans, quelques Arabes, et prit position au village d'El-khânkah. Je fis partir également la division commandée par le général Lannes, et celle du général Dugua.

Nous marchâmes à grandes journées sur la Syrie, poussant toujours devant nous Ibrâhym bey et l'armée qu'il commandoit.

Avant d'arriver à Belbéïs, nous délivrâmes une partie de la kâravâne de la Mekke, que les Arabes avoient enlevée et conduisoient dans le désert, où ils étoient déja enfoncés de deux lieues. Je l'ai fait conduire au Caire sous bonne escorte. Nous trouvâmes à Qouréyn une autre partie de la kâravâne, toute composée de marchands qui avoient été arrêtés d'abord par Ibrâhym bey, ensuite relâchés et pillés par les Arabes. J'en fis réunir les débris, et je la fis également conduire au Caire. Le pillage des Arabes a dû être considérable; un seul négociant m'assura qu'il perdoit en challes et autres marchandises des Indes pour deux cents mille écus. Le négociant avoit avec lui, suivant l'usage du pays, toutes ses femmes. Je leur donnai à souper, et leur procurai les chameaux nécessaires pour leur voyage au Caire. Plusieurs paroissoient avoir une assez bonne tournure; mais le visage étoit couvert, selon l'usage du pays; usage auquel l'armée s'accoutume le plus difficilement.

Nous arrivâmes à Ssalehhyéh, qui est le dernier endroit habité de l'Égypte où il y ait de la bonne eau. Là commence le désert qui sépare la Syrie de l'Égypte.

Ibrâhym bey, avec son armée, ses trésors, et ses femmes, venoit de partir de Ssalehhyéh. Je le poursuivis avec le peu de cavalerie que j'avois. Nous vîmes défiler devant nous ses immenses bagages. Un parti d'Arabes de cent cinquante hommes, qui étoit avec eux, nous proposa de charger avec nous pour partager le butin. La nuit approchoit, nos chevaux étoient éreintés, l'infanterie très éloignée ; nous leur enlevâmes les deux pièces de canon qu'ils avoient, et une cinquantaine de chameaux chargés de tentes et de différents effets. Les Mamloùks soutinrent la charge avec le plus grand courage. Le chef d'escadron d'Estrées, du septieme régiment d'hussards, a été mortellement blessé; mon aide-de-camp Shulkouski a été blessé de sept à huit coups de sabre et de plusieurs coups de feu. L'escadron monté du septieme de hussards et du vingt-deuxieme de chasseurs, des troisieme et quinzieme de dragons, se sont parfaitement conduits. Les Mamloùks sont extrêmement braves, et formeroient un excellent corps de cavalerie légere, richement habillés, armés avec le plus grand soin, et montés sur des chevaux de la meilleure qualité. Chaque officier d'état-major, chaque hussard a soutenu un combat particulier. Lasalle, chef de brigade du vingt-deuxieme, laissa tomber son sabre au milieu de la charge ; il est assez adroit et assez heureux pour mettre pied à terre et se trouver à cheval pour se défendre et attaquer un des Mamloùks les plus intrépides. Le général Murat, le chef de bataillon, mon aide-de-camp Duroc, le citoyen Leturcq, le citoyen Colbert, l'adjudant Arrighi, engagés trop avant par leur ardeur dans le plus fort de la mêlée, ont couru les plus grands dangers.

Ibrâhym bey traverse dans ce moment-ci le

désert de Syrie ; il a été blessé dans le combat.

Je laissai à Ssalehhyéh la division du général Reynier et des officiers de génie, pour y construire une forteresse, et je partis le 26 thermidor pour revenir au Caire. Je n'étois pas éloigné de deux lieues de Ssalehhyéh, que l'aide-de-camp du général Kleber arriva, et m'apporta la nouvelle de la bataille qu'avoit soutenue notre escadre, le 14 thermidor. Les communications sont si difficiles, qu'il avoit mis onze jours pour venir.

Vous trouverez ci-joint le rapport que m'en fait le contre-amiral Gantheaume. Je lui écris, par le même courrier à Alexandrie, de vous en faire un plus détaillé.

Le 18 messidor, je suis parti d'Alexandrie. J'écrivis à l'amiral d'entrer, sous les vingt-quatre heures, dans le port d'Alexandrie, et, si son escadre ne pouvoit pas y entrer, de décharger promptement toute l'artillerie et tous les effets appartenant à l'armée de terre, et de se rendre à Corfou.

L'amiral ne crut pas pouvoir achever le débarquement dans la position où il étoit, étant mouillé devant le port d'Alexandrie sur des rochers ; et, plusieurs vaisseaux ayant déja perdu leurs ancres, il alla mouiller à Aboùqyr, qui offroit un bon mouillage. J'envoyai des officiers de génie et d'artillerie, qui convinrent avec l'amiral que la terre ne pouvoit lui donner aucune protection,

9.

et que, si les Anglais paroissoient pendant les deux ou trois jours qu'il falloit qu'il restât à Aboùqyr, soit pour décharger notre artillerie, soit pour sonder et marquer la passe d'Alexandrie, il n'y avoit pas d'autre parti à prendre que de couper ses cables, et qu'il étoit urgent de séjourner le moins possible à Aboùqyr.

Je suis parti d'Alexandrie dans la ferme croyance que, sous trois jours, l'escadre seroit entrée dans le port d'Alexandrie, ou auroit appareillé pour Corfou. Depuis le 18 messidor jusqu'au 6 thermidor, je n'ai reçu aucune nouvelle, ni de Rosette, ni d'Alexandrie, ni de l'escadre. Une nuée d'Arabes, accourus de tous les points du désert, étoit constamment à cinq cents toises du camp. Le 9 thermidor, le bruit de nos victoires et différentes dispositions rouvrirent nos communications. Je reçus plusieurs lettres de l'amiral, où je vis avec étonnement qu'il se trouvoit encore à Aboùqyr. Je lui écrivis sur-le-champ pour lui faire sentir qu'il ne devoit pas perdre une heure à entrer à Alexandrie, ou à se rendre à Corfou.

L'amiral m'instruisit, par une lettre du 2 thermidor, que plusieurs vaisseaux anglais étoient venus le reconnoître, et qu'il se fortifioit pour attendre l'ennemi, embossé à Aboùqyr. Cette étrange résolution me remplit des plus vives alarmes; mais déja il n'étoit plus temps, car la lettre que l'amiral écrivoit le 2 thermidor ne m'arriva que le 12. Je lui expédiai le citoyen Julien, mon aide-de-camp, avec ordre de ne pas partir d'Aboùqyr qu'il n'eût vu l'escadre à la voile. Parti le 12, il n'auroit jamais pu arriver à temps; cet aide-de-camp a été tué en chemin par un parti arabe qui a arrêté sa barque sur le Nil, et l'a égorgé avec son escorte.

Le 8 thermidor, l'amiral m'écrivit que les Anglais s'étoient éloignés; ce qu'il attribuoit au défaut de vivres. Je reçus cette lettre par le même courrier, le 12.

Le 11, il m'écrivoit qu'il venoit enfin d'apprendre la victoire des Pyramides et la prise du Caire, et que l'on avoit trouvé une passe pour entrer dans le port d'Alexandrie; je reçus cette lettre le 18.

Le 14, au soir, les Anglais l'attaquerent; il m'expédia, au moment où il apperçut l'escadre anglaise, un officier pour me faire part de ses dispositions et de ses projets : cet officier a péri en route.

Il me paroît que l'amiral Brueys n'a pas voulu se rendre à Corfou, avant qu'il eût été certain de ne pouvoir entrer dans le port d'Alexandrie, et que l'armée, dont il n'avoit pas de nouvelles depuis long-temps, fût dans une position à ne pas avoir besoin de retraite. Si dans ce funeste évènement il a fait des fautes, il les a expiées par une mort glorieuse.

Les destins ont voulu dans cette circonstance, comme dans tant d'autres, prouver que, s'ils nous accordent une grande prépondérance sur le continent, ils ont donné l'empire des mers à nos rivaux. Mais ce revers ne peut être attribué à l'inconstance de notre fortune; elle ne nous abandonne pas encore: loin de là, elle nous a servis dans toute cette opération au-delà de tout ce qu'elle a jamais fait. Quand j'arrivai devant Alexandrie avec l'escadre, et que j'appris que les Anglais y étoient passés en forces supérieures quelques jours avant, malgré la tempête affreuse qui régnoit, au risque de me naufrager, je me jetai à terre. Je me souviens qu'à l'instant où les préparatifs du débarquement se faisoient on signala dans l'éloignement, au vent, une voile de guerre: c'étoit *la Justice*. Je m'écriai: « Fortune, m'aban- « donneras-tu! quoi, seulement cinq jours »! Je débarquai dans la journée; je marchai toute la nuit; j'attaquai Alexandrie à la pointe du jour avec trois mille hommes harrassés, sans canons et presque pas de cartouches; et, dans les cinq jours, j'étois maître de Rosette, de Damenhour, c'est-à-dire déja établi en Egypte. Dans ces cinq jours, l'escadre devoit se trouver à l'abri des forces des Anglais, quel que fût leur nombre. Bien loin de là, elle reste exposée pendant tout le reste de messidor. Elle reçoit de Rosette, dans les premiers jours de thermidor, un approvisionnement de riz pour deux mois. Les Anglais se laissent voir en nombre supérieur pendant dix jours dans ces parages. Le 11 thermidor, elle apprend la nouvelle de l'entiere possession de l'Egypte et de notre entrée au Caire ; et ce n'est que lorsque la fortune voit que toutes ses faveurs sont inutiles, qu'elle abandonne notre flotte à son destin.

Signé BONAPARTE.

Certifié conforme à l'original.
   Le général de division, chef de l'état-major-général de l'armée.

Alex. BERTHIER.

Au quartier-général du Caire, le 26 vendémiaire,
an 7 de la république.

BONAPARTE, général en chef,
Au Directoire exécutif.

Citoyens directeurs,

Je vous fais passer le détail de quelques combats qui ont eu lieu à différentes époques et en différents lieux contre les Mamloùks, diverses tribus d'Arabes, et quelques villages révoltés.

Combat de Réméryéh.

Le général de brigade, Fugieres, avec un bataillon de la dix-huitieme demi-brigade, est arrivé à Menoùf dans le Delta, le 28 thermidor, pour se rendre à Mehhalléh-êl-kébyr, capitale de la Gharbyéh. Le village de Réméryéh lui refusa le passage. Après une heure de combat, il repoussa les ennemis dans le village, les investit, les força, en tua 200, et s'empara du village. Il perdit trois hommes, et eut quelques blessés. Le citoyen Chênet, sous-lieutenant à la dix-huitieme, s'est distingué.

Combat de Djémyléh.

Le général Dugua envoya, le premier complémentaire, le général Damas, avec un bataillon de la soixante-quinzieme, reconnoître le canal d'Achmoùn, et soumettre les villages qui refusoient obéissance. Arrivé au village de Djémyléh, un parti d'Arabes, réuni aux fellâhhs ou habitants, attaqua nos troupes. Les dispositions furent bientôt faites, et les ennemis repoussés. Le chef de bataillon du génie, Cazalès, s'est spécialement distingué.

Combat de Myt-Qamar.

Les Arabes de Dernéh occupoient le village de Doùndéh ; environnés de tous côtés par l'inondation, ils se croyoient inexpugnables, et infestoient le Nil par leurs pirateries et leurs brigandages. Les généraux de brigade, Murat et Lanusse, eurent ordre d'y marcher, et arriverent le 7 vendémiaire. Les Arabes furent dispersés après une légere fusillade. Nos troupes les suivirent pendant cinq lieues, ayant de l'eau jusqu'à la ceinture. Leurs troupeaux, chameaux, et effets, sont tombés en notre pouvoir. Plus de deux cents de ces misérables ont été tués ou noyés. Le citoyen Niderwood, adjoint à l'état-major, s'est distingué dans ce combat.

Les Arabes sont à l'Égypte ce que les Barbets sont au comté de Nice ; avec cette grande différence qu'au lieu de vivre dans les montagnes ils sont tous à cheval, et vivent au milieu des déserts. Ils pillent également les Turks, les Égyptiens, et les Européens. Leur férocité est égale à la vie misérable qu'ils menent, exposés des jours entiers, dans des sables brûlants, à l'ardeur du soleil, sans eau pour s'abreuver. Ils sont sans pitié, et sans foi. C'est le spectacle de l'homme sauvage le plus hideux qu'il soit possible de se le figurer.

Le général Desaix est parti du Caire, le 8 fructidor, pour se rendre dans la haute Egypte, avec une flottille de deux demi-galeres, et six avisos. Il a remonté le Nil, et est arrivé à Benéçoùef, le 14 fructidor. Il mit pied à terre, et se porta par une marche forcée à Behnécê, sur le canal de Joseph. Mourâd bey évacua à son approche. Le général Desaix prit quatorze barques chargées de bagage, de tentes, et quatre pieces de canon.

Il rejoignit le Nil le 21 fructidor, et arriva à Acyoùth le 29 fructidor, se trouvant alors à plus de cent lieues du Caire, poussant devant lui la flottille des beys, qui se réfugia du côté de la cataracte.

Le cinquieme jour complémentaire, il retourna à l'embouchure du canal de Joseph. Après une navigation difficile et pénible, il arriva le 12 vendémiaire à Behnécê.

Le 14 et le 15, il y eut diverses escarmouches qui préluderent la journée de Sédymân.

Bataille de Sédymán.

Le 16, à la pointe du jour, la division du général Desaix se mit en marche, et se trouva bientôt en présence de l'armée de Mourâd bey, forte de cinq à six mille chevaux, la plus grande partie Arabes, et un corps d'infanterie qui gardoit les retranchements de Sédymân, où il avoit quatre pieces de canon.

Le général Desaix forma sa division toute composée d'infanterie en bataillon carré qu'il fit éclairer par deux petits carrés de deux cents hommes chacun.

Les Mamloùks, après avoir long-temps hésité, se déciderent, et chargerent, avec d'horribles cris et la plus grande valeur, le petit peloton de droite que commandoit le capitaine de la vingt-unieme, Vallette. Dans le même temps, ils chargerent la queue du carré de la division, où étoit la quatre-vingt-huitieme, bonne et intrépide demi-brigade.

Les ennemis sont reçus par-tout avec le même sang-froid. Les chasseurs de la vingt-unieme ne tirerent qu'à dix pas, et croiserent leurs baïonnettes. Les braves de cette intrépide cavalerie vinrent mourir dans le rang, après avoir jeté masses et haches d'armes, fusils, pistolets, à la tête de nos gens. Quelques uns, ayant eu leurs chevaux tués, se glisserent le ventre contre terre pour passer sous les baïonnettes, et couper les jambes de nos soldats; tout fut inutile. Ils dûrent fuir; nos troupes s'avancerent sur Sédymân, malgré quatre pieces de canon, dont le feu étoit d'autant plus dangereux que notre ordre étoit profond; mais le pas de charge fut comme l'éclair, et les retranchements, les canons, et les bagages, nous resterent.

Mourâd bey a eu trois beys de tués, deux blessés, et quatre cents hommes d'élite sur le champ de bataille; notre perte se monte à trente-six hommes de tués, et quatre-vingt dix blessés.

Ici, comme à la bataille des Pyramides, les soldats ont fait un butin considérable. Pas un Mamloùk sur lequel on n'ait trouvé quatre ou cinq cents louis.

Le citoyen Couroux, chef de la soixante-unieme, a été blessé; les citoyens Rapp, aide-de-camp du général Desaix, Valette, et Sacro, capitaines de la vingt-unieme, Geoffroy, de la soixante-unieme, Geromme, sergent de la quatre-vingt-huitieme, se sont particulièrement distingués.

Le général Friant a soutenu dans cette journée la réputation qu'il avoit acquise en Italie et en Allemagne.

Je vous demande le grade de général de brigade pour le citoyen Robin, chef de la vingt-unieme demi-brigade. J'ai avancé les différents officiers et soldats qui se sont distingués. Je vous en enverrai l'état par la premiere occasion.

Signé BONAPARTE.

Au quartier-général du Caire, le 6 brumaire
an 7 de la république.

*BONAPARTE, général en chef,
Au Directoire exécutif.*

Le 30 vendémiaire, à la pointe du jour, il se manifesta quelques rassemblements dans la ville du Caire.

A 7 heures du matin, une populace nombreuse s'assembla à la porte du qâdhy, Ibrâhym Ehctem Efendy, homme respectable par son caractere et ses mœurs. Une députation de vingt personnes des plus marquantes se rendit chez lui, et l'obligea à monter à cheval, pour, tous ensemble, se rendre chez moi. On partoit, lorsqu'un homme de bon sens observa au qâdhy que le rassemblement étoit trop nombreux et trop mal composé pour des hommes qui ne vouloient que présenter une pétition. Il fut frappé de l'observation, descendit de cheval, et rentra chez lui. La populace mécontente tomba sur lui et sur ses gens à coups de pierres et de bâtons, et ne manqua pas cette occasion pour piller sa maison.

Le général Dupuy, commandant la place, arriva sur ces entrefaites; toutes les rues étoient obstruées.

Un chef de bataillon turk, attaché à la police, qui venoit deux cents pas derriere, voyant le tumulte et l'impossibilité de le faire cesser par la douceur, tira un coup de tromblon. La populace devint furieuse; le général Dupuy la chargea avec son escorte, culbuta tout ce qui étoit devant lui, s'ouvrit un passage. Il reçut sous l'aisselle un coup de lance qui lui coupa l'artere; il ne vécut que huit minutes.

Le général Bon prit le commandement. Les coups de canon d'alarme furent tirés; la fusillade s'engagea dans toutes les rues; la populace se mit à piller les maisons des riches. Sur le soir, toute la ville se trouva à-peu-près tranquille, hormis le quartier de la grande mosquée, où se tenoit le conseil des révoltés, qui en avoient barricadé les avenues.

A minuit, le général Dommartin se rendit avec quatre bouches à feu sur une hauteur, entre la citadelle et la qoubbeh, qui domine à cent cinquante toises la grande mosquée. Les Arabes et les paysans marchoient pour secourir les révoltés. Le général Lannes fit attaquer par le général Vaux quatre à cinq mille paysans, qui se sauverent plus vîte qu'il n'auroit voulu; beaucoup se noyerent dans l'inondation.

A huit heures du matin, j'envoyai le général Dumas avec de la cavalerie battre la

plaine. Il chassa les Arabes au-delà de la qoubbeh.

A deux heures après midi, tout étoit tranquille hors des murs de la ville. Le dyvân, les principaux cheykhs, les docteurs de la loi, s'étant présentés aux barricades du quartier de la grande mosquée, les révoltés leur en refuserent l'entrée; on les accueillit à coups de fusil. Je leur fis répondre à quatre heures par les batteries de mortiers de la citadelle, et les batteries d'obusiers du général Dommartin. En moins de vingt minutes de bombardement, les barricades furent levées, le quartier évacué, la mosquée entre les mains de nos troupes, et la tranquillité fut parfaitement rétablie.

On évalue la perte des révoltés de 2,000 à 2,500 hommes; la nôtre se monte à 16 hommes tués en combattant, un convoi de 21 malades revenant de l'armée, égorgés dans une rue, et à 20 hommes de différents corps et de différents états.

L'armée sent vivement la perte du général Dupuy, que les hasards de la guerre avoient respecté dans cent occasions.

Mon aide-de-camp Sbulkousky allant, à la pointe du jour, le premier brumaire, reconnoître les mouvements qui se manifestoient hors la ville, a été à son retour attaqué par toute la populace d'un faubourg; son cheval ayant glissé, il a été assommé. Les blessures qu'il avoit reçues au combat de Ssalehhyéh n'étoient pas encore cicatrisées; c'étoit un officier des plus grandes espérances.

Signé BONAPARTE.

Pour copie conforme,
    Le général de division, chef de l'état-major-général de l'armée.
                     A<small>LEX</small>. BERTHIER.

Au quartier-général du Caire, le 26 brumaire, an 7 de la république.

BONAPARTE, général en chef,
Au Directoire exécutif.

C<small>ITOYENS DIRECTEURS</small>,

J<small>E</small> vous fais passer la note des combats qui ont eu lieu à différentes époques, et dans différents points de l'armée.

Les Arabes du désert de la Libye harceloient la garnison d'Alexandrie. Le général Kleber leur fit tendre une embuscade; le chef d'escadron Rabasse, à la tête de cinquante hommes du quatorzieme de dragons, les surprit, le 5 thermidor, et leur tua quarante-trois hommes.

A la sollicitation de Mourâd bey et des Anglais, les Arabes s'étoient réunis et avoient fait une coupure au canal d'Alexandrie, pour empêcher les eaux d'y arriver. Le chef de brigade Barthélemy, à la tête de six cents hommes de la soixante-neuvieme, cerna le village de Birket Ghathâs, la nuit du 27 fructidor, tua plus de deux cents hommes, pilla et brûla le village. Ces exemples nécessaires rendirent les Arabes plus sages, et, graces aux peines et à l'activité de la quatrieme d'infanterie légere, les eaux sont arrivées, le 14 brumaire, à Alexandrie en plus grande abondance que jamais. Il y en a pour deux ans. Le canal nous a servi à approvisionner de bled Alexandrie, et à faire venir nos équipages d'artillerie à Djyzéh.

Le général Andréossi, après différents combats sur le lac Menzaléh, est arrivé, le 29 vendémiaire, sur les ruines de Peluse. Il y a trouvé plusieurs antiques, entre autres un fort beau camée; il y a dressé la carte de ce lac et de ses sondes avec la plus grande exactitude. Nous avons dans ce moment beaucoup de bâtiments armés dans ce lac. Il ne reste plus que deux branches, celle d'Ommfaredje et celle de Dybéh, peu de traces de celle de Peluse.

Deux jours après que la populace du Caire se fut révoltée, les Arabes accoururent de différents points du désert, et se réunirent devant Belbéys. Le général Reynier les repoussa par-tout; un seul coup de canon à mitraille en tua sept : après différents petits combats ils disparurent, et quelque temps après se sont soumis.

Quelques djermes, chargées de chevaux nous appartenant, ont été pillées par les habitants du village de Ramléh, et deux dragons ont été tués. Le général Murat s'y est porté, a cerné le village, et a tué une centaine d'hommes.

Le général Lanusse, instruit que le célebre Aboùché'ir, un des principaux brigands du Delta, étoit à Kafr-Khaïr, l'a surpris la nuit du 29 vendémiaire, a cerné sa maison, l'a tué, lui a pris trois pieces de canon, quarante fusils, cinquante chevaux, et beaucoup de subsistances.

Les Anglais, avec quinze chaloupes canonnieres et quelques petits bâtiments, se sont approchés du fort d'Aboùqyr, les 3, 4, 6 et 7 brumaire. Ils ont eu plusieurs chaloupes coulées bas : l'ordre étoit donné de les laisser débarquer ; ils ne l'ont pas osé faire. Ils doivent avoir perdu quelques hommes ; nous en avons eu deux blessés et un de tué : le citoyen Martinet, commandant la légion nubique, s'est distingué.

Depuis la bataille de Sédymân, le général Desaix étoit dans le Faïoùm. Dans cette saison, on ne peut en Egypte aller ni par eau, il n'y en a pas assez dans les canaux ; ni par terre, elle est marécageuse et pas encore seche : ne pouvant donc poursuivre Mourâd bey, le général Desaix s'occupa à organiser le Faïoùm.

Cependant Mourâd bey en profita pour faire courir le bruit qu'Alexandrie étoit pris, et qu'il falloit exterminer tous les Français. Les villages se refusèrent à rien fournir au général Desaix, qui se porta, le 19 brumaire, pour punir le village de Céruni (Chérùnéh) qui étoit contenu par deux cents Mamloùks; une compagnie de grenadiers les mit en déroute. Le village a été pris, pillé, et brûlé; l'ennemi a perdu quinze à seize hommes.

Dans le même temps, cinq cents Arabes, autant de Mamloùks, et un grand nombre de paysans, se portoient à Faïoùm pour enlever l'ambulance. Le chef de bataillon de la vingt-unième, Epler, sortit au-devant des ennemis, les culbuta par une bonne fusillade, et les poussa la baïonnette dans les reins. Une soixantaine d'Arabes, qui étoient entrés dans les maisons pour piller, ont été tués; nous n'avons eu, dans ces différents combats, que trois hommes tués et dix de blessés.

Au quartier-général de Jaffa, le 23 ventose, an 7 de la république.

BONAPARTE, général en chef, Au Directoire exécutif.

Citoyens directeurs,

Le 5 fructidor, j'envoyai un officier à Djezzâr, pâchâ d'Acre; il l'accueillit mal, il ne me répondit pas.

Le 29 brumaire, je lui écrivis une autre lettre; il fit couper la tête au porteur.

Les Français étoient arrêtés à Acre, et traités cruellement.

Les provinces de l'Egypte étoient inondées de firmâns, dans lesquels Djezzâr ne dissimuloit pas ses intentions hostiles, et annonçoit son arrivée.

Il fit plus, il envahit les provinces de Jaffa (Yâfâ), Ramléh et Ghazah; son avant-garde prit position à êl-A'rych, où il y a quelques bons puits, et un fort situé dans le désert, à dix lieues sur le territoire de l'Egypte.

Je n'avois donc plus le choix: j'étois provoqué à la guerre; je crus ne devoir pas tarder à la lui porter moi-même.

Le général Reynier rejoignit, le 16 pluviose,

son avant-garde qui, sous les ordres de l'infatigable général Lagrange, étoit à Qathyéh, situé à trois journées dans le désert, où j'avois réuni des magasins considérables.

Le général Kleber arriva, le 18 pluviose, de Damiette par le lac Menzaléh, sur lequel on avoit construit plusieurs barques canonnieres, débarqua à Peluse, et se rendit à Qathyéh.

Combat d'êl-A'rych.

Le général Reynier partit, le 18 pluviose, de Qathyéh avec sa division pour se rendre à êl-A'rych. Il falloit marcher plusieurs jours à travers le désert sans trouver de l'eau : des difficultés de toute espece furent vaincues. L'ennemi fut attaqué, forcé, le village d'êl-A'rych enlevé, et toute l'avant-garde ennemie bloquée dans le fort d'êl-A'rych.

Attaque de nuit.

Cependant la cavalerie de Djezzâr, soutenue par un corps d'infanterie, avoit pris position sur nos derrieres à une lieue, et bloquoit l'armée assiégeante.

Le général Kleber fit faire un mouvement au général Reynier. A minuit, le camp ennemi fut cerné, attaqué, et enlevé ; un des beys fut tué : effets, armes, bagages, tout fut pris. La plupart des hommes eurent le temps de se sauver; plusieurs kâchefs d'Ibrâhym bey furent faits prisonniers.

Siege du fort d'êl-A'rych.

La tranchée fut ouverte devant le fort d'êl-A'rych; une de nos mines avoit été éventée, et nos mineurs délogés. Le 28 pluviose, une batterie de breche fut construite, et deux batteries d'approche. On canonna toute la journée du 29. Le 30, à midi, la breche étoit praticable : je sommai le commandant de se rendre; il le fit.

Nous avons trouvé à êl-A'rych trois cents chevaux, beaucoup de biscuit, du riz, cinq cents Albanais, cinq cents Moghrébyns, deux cents hommes de la Natolie et de la Caramanie. Les Moghrébyns ont pris service avec nous; j'en ai fait un corps auxiliaire.

Nous partîmes d'êl-A'rych le 4 du mois de ventose; l'avant-garde s'égara dans les déserts, et souffrit beaucoup du manque d'eau : nous manquions de vivres, nous fûmes obligés de manger des chevaux, des mulets, et des chameaux.

Nous étions, le 5, aux colonnes placées sur les limites de l'Afrique et de l'Asie.

Nous couchâmes en Asie le 6; le jour suivant, nous étions en marche sur Ghazah : à dix heures du matin, nous découvrîmes trois à quatre mille hommes de cavalerie qui marchoient à nous.

Combat de Ghazah.

Le général Murat, commandant la cavalerie, fit passer différents torrents en présence de l'ennemi par des mouvements exécutés avec précision.

Le général Kleber se porta par la gauche sur Ghazah ; le général Lasne, avec son infanterie légere, appuyoit les mouvements de la cavalerie, qui étoit rangée sur deux lignes ; chaque ligne avoit derriere elle un escadron de réserve. Nous chargeâmes l'ennemi près de la hauteur qui regarde Hébron, et où *Samson porta les portes de Gaza.* L'ennemi ne reçut pas la charge, et se replia ; il eut quelques hommes de tués, entre autres le kiâyâ du pâchâ.

La vingt-deuxieme d'infanterie légere s'est fort bien conduite ; elle suivoit les chevaux au pas de course : il y avoit cependant bien des jours qu'elle n'avoit fait un bon repas, et bu de l'eau à son aise.

Nous entrâmes dans Ghazah ; nous y trouvâmes quinze milliers de poudre, beaucoup de munitions de guerre, des bombes, des outils, plus de deux cents mille rations de biscuit, et six pieces de canon.

Le temps devint affreux ; beaucoup de tonnerre et de pluie : depuis notre départ de France, nous n'avions point eu d'orage.

Nous couchâmes le 10 à Esdòd, l'ancienne Azotte.

Nous couchâmes le 11 à Ramléh : l'ennemi l'avoit évacué avec tant de précipitation, qu'il nous laissa cent mille rations de biscuit, beaucoup plus d'orge, et quinze cents outres que Djezzâr avoit préparées pour passer le désert.

Siege de Jaffa (*Yáfá.*)

La division Kleber investit d'abord Jaffa, et se porta ensuite sur la riviere de la Hhayah, pour couvrir le siege; la division Bon investit les fronts droits de la ville, et la division Lasne les fronts gauches.

L'ennemi démasqua une quarantaine de pieces de canon de tous les points de l'enceinte, desquelles il fit un feu vif et soutenu.

Le 16, deux batteries d'approche, la batterie de breche, une de mortiers, étoient en état de tirer. La garnison fit une sortie; on vit alors une foule d'hommes diversement costumés, et de toutes les couleurs, se porter sur la batterie de breche: c'étoient des Moghrébyns, des Albanais, des Kurdes, des Natoliens, des Caramaniens, des Damasquyns, des Alepyns, des noirs de Tekroùr; ils furent vivement repoussés, et rentrerent plus vîte qu'ils n'auroient voulu. Mon aide-de-camp Duroc, officier en qui j'ai grande confiance, s'est particulièrement distingué.

A la pointe du jour, le 17, je fis sommer le gouverneur; il fit couper la tête à mon envoyé, et ne répondit point. A sept heures, le feu commença; à une heure, je jugeai la breche praticable. Le général Lasne fit les dispositions pour l'assaut; l'adjoint aux adjudants-généraux, Netherwood, avec dix carabiniers, y monta le premier, et fut suivi de trois compagnies de grenadiers de la treizieme et de la soixante-neuvieme demi-brigade, commandées par l'adjudant-général Rambaud, pour lequel je vous demande le grade de général de brigade.

A cinq heures, nous étions maîtres de la ville, qui, pendant vingt-quatre heures, fut livrée au pillage et à toutes les horreurs de la guerre, qui jamais ne m'a paru si hideuse.

Quatre mille hommes des troupes de Djezzâr ont été passés au fil de l'épée; il y avoit huit cents canonniers : une partie des habitants a été massacrée.

Les jours suivants, plusieurs bâtiments sont venus de Saint-Jean d'Acre avec des munitions de guerre et de bouche; ils ont été pris dans le port: ils ont été étonnés de voir la ville en notre pouvoir; l'opinion étoit qu'elle nous arrêteroit six mois.

A'bd-oûllah, général de Djezzâr, a eu l'adresse de se cacher parmi les gens d'Egypte, et de venir se jeter à mes pieds.

J'ai renvoyé à Damas et à Alep plus de cinq cents personnes de ces deux villes, ainsi que quatre à cinq cents personnes d'Egypte.

J'ai pardonné aux Mamloùks et aux kâchefs que j'ai pris à êl-A'rych ; j'ai pardonné à O'mar Makrâm, cheykh du Caire ; j'ai été clément envers les Egyptiens, autant que je l'ai été envers le peuple de Jaffa, mais sévère envers la garnison, qui s'est laissé prendre les armes à la main.

Nous avons trouvé à Jaffa cinquante pieces de canon, dont trente formant l'équipage de campagne, de modele européen, et des munitions, plus de quatre cents mille rations de biscuit, deux mille quintaux de riz, et quelques magasins de savon.

Les corps du génie et de l'artillerie se sont distingués.

Le général Caffarelli, qui a dirigé ces sieges, qui a fait fortifier les différentes places de l'Egypte, est un officier recommandable par une activité, un courage et des talents rares.

Le chef de brigade du génie Samson a commandé l'avant-garde qui a pris possession de Qathyéh, et a rendu, dans toutes les occasions, les plus grands services.

Le capitaine du génie Sabatier a été blessé au siege d'él-A'rych.

Le citoyen Aimé est entré le premier dans Jaffa, par un vaste souterrain qui conduit dans l'intérieur de la place.

Le chef de brigade Songis, directeur du parc d'artillerie, n'est parvenu à conduire les pieces qu'avec de grandes peines; il a commandé la principale attaque de Jaffa.

Nous avons perdu le citoyen Lejeune, chef de la vingt-deuxieme d'infanterie légere, qui a été tué à la breche : cet officier a été vivement regretté de l'armée ; les soldats de son corps l'ont pleuré comme leur pere. J'ai nommé à sa place le chef de bataillon Magni, qui a été grièvement blessé. Ces différentes affaires nous ont coûté cinquante hommes tués et deux cents blessés.

L'armée de la république est maître de toute la Palestine.

Signé BONAPARTE.

(A)

Au quartier-général du Caire, le 5 fructidor, an 6.

BONAPARTE, général en chef,
A AHHMED, páchá, gouverneur de Seïd.

En venant en Egypte faire la guerre aux beys, j'ai fait une chose juste et conforme à tes intérêts, puisqu'ils étoient tes ennemis. Je ne suis point venu faire la guerre aux Musulmans : tu dois savoir que mon premier soin, en entrant à Malte, a été de mettre en liberté deux mille Turks qui, depuis plusieurs années, gémissoient dans l'esclavage ; en arrivant en Egypte, j'ai rassuré le peuple, protégé les muftys, les îmâms, et les mosquées. Les pélerins de la Mekke n'ont jamais été accueillis avec plus de soin et d'amitié que je ne l'ai fait, et la fête du prophete vient d'être célébrée avec plus de splendeur que jamais.

Je t'envoie cette lettre par un officier qui te fera connoître de vive voix mon intention de vivre en bonne intelligence avec toi, en nous rendant réciproquement tous les services que peuvent exiger le commerce, et le bien de tes états ; car les Musulmans n'ont pas de plus grands amis que les Français.

Signé BONAPARTE.

(B)

Au quartier-général du Caire, le 29 brumaire, an 7.

BONAPARTE, général en chef,
A AHHMED, páchá, gouverneur de Seïd.

Je ne veux pas te faire la guerre, si tu n'es pas mon ennemi ; mais il est temps que tu t'expliques. Si tu continues à donner refuge sur les frontieres de l'Egypte à Ibrâhym bey, je regarderai cela comme une marque d'hostilité, et j'irai à Acre.

Si tu veux vivre en paix avec moi, tu éloigneras Ibrâhim bey à quarante lieues des frontieres de l'Egypte, et tu laisseras libre le commerce entre Damiette et la Syrie.

Alors, je te promets de respecter tes états, de laisser la liberté entiere au commerce entre l'Egypte et la Syrie, soit par terre, soit par mer.

Signé BONAPARTE.

(C)

Au quartier-général d'el-A'rich, le 2 ventôse, an 7.

Au commandant Turk du fort d'él-A'rych.

Le général en chef me charge de vous faire connoître que la breche commence d'être praticable, que les lois de la guerre, chez tous les peuples, sont que la garnison d'une ville prise d'assaut doit être passée au fil de l'épée; que votre conduite en cette circonstance n'est qu'une folie de laquelle il a pitié, et que sa générosité l'oblige à vous sommer pour la derniere fois; qu'il ne doute pas qu'après la réception de cette lettre, si vous êtes dans votre bon sens, vous n'envoyiez deux hommes de considération auprès de lui, chargés d'arrêter les détails d'une capitulation analogue à votre situation actuelle, et conforme à ce qui se pratique dans cette circonstance chez tous les peuples policés de la terre. Cette démarche peut seule sauver la vie aux hommes qui sont sous vos ordres; action dont vous serez responsable devant Dieu, qui veut que personne ne résiste à celui à qui il donne la force et la victoire.

Signé Alex. BERTHIER.

(D)

Le commandant du fort d'él-A'rych, et les trois autres commandants des troupes,
Au général en chef.

Nous avons reçu la capitulation que vous nous avez adressée : nous consentons à remettre en vos mains le fort d'él-A'rych ; nous nous rendrons par le désert à Baghdâd. Nous vous envoyons la liste des âghâs du fort qui vous promettent par serment, pour eux et pour leurs troupes, de ne point servir dans l'armée de Djezzâr, et de ne point se rendre en Syrie d'une année, à compter de ce jour. Nous recevrons de vous un sauf-conduit et un drapeau. Nous laisserons dans le château tous les approvisionnements qui s'y trouvent. La totalité des âghâs, qui se trouvent dans le fort, jure solennellement par N. S. Moïse, Abraham, par le prophete, (auquel Dieu soit propice) et par le Qorân, d'exécuter fidèlement tous ces articles, et spécialement de ne point servir le Djezzâr. Le très-haut et son prophete sont témoins de notre bonne foi.

Signés IBRAHYM NIRAN, *commandant le fort d'él-A'rych ;* EL-HHADJY-MOHHAMMED, *colonel des Moghrébyns ;* EL-HHADJY QADYR, *âghâ des Arnoùds ;* MOHHAMMED, *âghâ, chef des munitionnaires.*

(E)

Au quartier-général sous Jaffa, le 17 ventose an 7.

Alexandre BERTHIER, chef de l'état-major de l'armée,

Au commandant de la place de Jaffa (Yáfá.)

Dieu est clément et miséricordieux.

Le général en chef Bonaparte me charge de vous faire connoître que Djezzâr pâchâ a commencé les hostilités contre l'Egypte en envahissant le fort d'êl-Arych; que Dieu, qui seconde la justice, a donné la victoire à l'armée française, qui a repris le fort d'êl-Arych; que c'est par suite de la même opération qu'il est entré dans la Palestine, d'où il veut chasser les troupes de Djezzâr pâchâ, qui n'auroient jamais dû y entrer;

Que la place de Jaffa est cernée de tous côtés; que les batteries de plein fouet, à bombes et à breche, vont, dans deux heures, en culbuter la muraille, et en ruiner les défenses;

Que son cœur est touché des maux qu'encourroit la ville entiere en se laissant prendre d'assaut; qu'il offre sauve-garde à la garnison, protection à la ville; qu'il retarde, en conséquence, le commandement du feu jusqu'à sept heures du matin.

Signé Alexandre BERTHIER.

(F)

Au quartier-général de Jaffa (Yàfà), le 19 ventose an 7.

BONAPARTE, général en chef,
Aux chéykhs, eu'lémás, et autres habitants des provinces de Ghazah, Ramléh, et Jaffa.

Dieu est clément et miséricordieux.

Je vous écris la présente pour vous faire connoître que je suis venu dans la Palestine pour en chasser les Mamloùks et l'armée de Djezzâr pâchâ.

De quel droit, en effet, Djezzâr pâchâ a-t-il étendu ses vexations sur les provinces de Jaffa, Ramléh, et Ghazah, qui ne font pas partie de son pâchâliq ? De quel droit également avoit-il envoyé ses troupes à êl-A'rych, et par-là fait une invasion dans le territoire de l'Egypte ? Il m'a provoqué à la guerre : je la lui ai apportée ; mais ce n'est pas à vous, habitants, que mon intention est d'en faire sentir les horreurs.

Il est bon que vous sachiez que tous les efforts humains sont inutiles contre moi ; car tout ce que j'entreprends doit réussir. Ceux qui se déclarent mes amis prosperent ; ceux qui se déclarent mes ennemis périssent. L'exemple qui vient d'arriver à Jaffa et à Ghazah doit vous faire connoître que si, je suis terrible pour mes ennemis, je suis bon pour mes amis, et sur-tout clément et miséricordieux pour le pauvre peuple.

Signé BONAPARTE.

(G)

Au quartier-général de Jaffa (Yâfà), le 19 ventose an 7.

BONAPARTE, général en chef,
ux cheykhs, eu'lémás, et commandants de
Jérusalem.

Dieu est clément et miséricordieux.

JE vous fais connoître, par la présente, que j'ai chassé les Mamloùks et les troupes de Djezzâr pâchâ des provinces de Ghazah, Ramléh, et Jaffa; que mon intention n'est pas de faire la guerre au peuple; que je suis ami du Musulmân; que les habitants de Jérusalem peuvent choisir la paix ou la guerre : s'ils choisissent la première, qu'ils envoient au camp de Jaffa des députés pour promettre de ne jamais rien faire contre moi; s'ils étoient assez insensés pour préférer la guerre, je la leur porterai moi-même. Ils doivent savoir que je suis terrible comme le feu du ciel contre mes ennemis, clément et miséricordieux envers le peuple et ceux qui veulent être mes amis.

Signé BONAPARTE.

Au camp devant Acre (A'kkâ), le 21 floréal, an 7.

BONAPARTE, général en chef,
Au Directoire exécutif.

Citoyens directeurs,

Je vous ai fait connoître qu'Ahhmed Djezzâr, pâchâ d'Acre, de Tripoli, et de Damas, avoit été nommé pâchâ d'Egypte ; qu'il avoit réuni un corps d'armée assez considérable, et avoit porté son avant-garde à êl-A'rych, menaçant le reste de l'Egypte d'une invasion prochaine ;

Que des bâtimens de transports turks se réunissoient dans le port de Makry, menaçant de se porter devant Alexandrie dans la belle saison ;

Que, par les mouvemens qui existoient dans l'Arabie, on devoit s'attendre que le nombre des gens d'Yamb'o, qui avoient passé la mer rouge augmenteroit au printemps.

Vous avez vu, par ma derniere dépêche, la rapidité avec laquelle l'armée a passé le désert, la prise d'êl-A'rych, de Ghazah, de Jaffa, la dispersion de l'armée ennemie, qui a perdu ses magasins, une partie de ses chameaux, ses outres, et ses équipages de campagne.

Il restoit encore deux mois avant la saison propre au débarquement, je résolus de poursuivre les débris de l'armée ennemie, et de nourrir pendant deux mois la guerre dans le cœur de la Syrie.

Nous nous mîmes en marche sur Acre.

Affaire de Qâqoùn.

Le 23 ventôse, à dix heures du matin, nous apperçumes au-delà du village de Qâqoùn l'armée ennemie qui avoit pris position sur nos flancs: leur gauche, composée des gens de Nâblous (anciens Samaritains), étoit appuyée à un mamelon d'un accès difficile, la cavalerie étoit formée à droite.

Le général Kleber se porta sur la cavalerie ennemie; le général Lasnes attaqua la gauche; le général Murat déploya sa cavalerie au centre.

Le général Lasnes culbuta l'ennemi, lui tua beaucoup de monde, et le poursuivit deux lieues dans les montagnes.

Le général Kleber, après une légere fusillade, mit en fuite la droite des ennemis, et les poursuivit vivement; ils prirent le chemin d'Acre.

Combat de Hhaïfá.

Le 27, à huit heures du soir, nous nous emparâmes de Hhaïfâ ; une escadre anglaise étoit mouillée dans la rade.

Quatre pieces d'artillerie de siege, que j'avois fait embarquer à Alexandrie sur quatre bâtiments de transport, furent prises à la hauteur de Hhaïfâ par les Anglais.

Plusieurs bateaux chargés de bombes et de vivres échapperent et vinrent mouiller à Hhaïfâ: les Anglais voulurent les enlever; le chef d'escadron Lambert les repoussa, leur blessa ou tua cent hommes, fit trente prisonniers, et s'empara d'une grosse chaloupe avec une caronade de trente-six.

Nous n'avions plus à mettre en batterie devant Acre que notre équipage de campagne : nous battîmes en breche une tour qui étoit la partie la plus saillante de la ville; la mine manqua, la contrescarpe ne sauta pas. Le citoyen Mailly, adjoint à l'état major, qui se porta pour reconnoître l'effet de la mine, fut tué.

Vous verrez, par le journal du siege, que les 6, 10, 18, et 26 germinal, l'ennemi fit des sorties vives où il fut repoussé avec de grandes pertes par le général Vial ;

Que, le 12, nos mineurs firent sauter la contrescarpe, mais que la breche ne se trouva pas praticable.

Le 11, le général Murat prit possession de Ssafet, l'ancienne Béthulie. Les habitants montrent l'endroit où Judith tua Holopherne.

Le même jour, le général Junot prit possession de Nazareth.

Combat de Nazareth (Nasséret).

Cependant une armée nombreuse s'étoit mise en marche de Damas, elle passa le Jourdain le 17.

L'avant-garde se battit toute la journée du 19 contre le général Junot qui, avec cinq cents hommes des deuxieme et dix-neuvieme demi-brigades, la mit en déroute, lui prit cinq drapeaux, et couvrit le champ de bataille de morts ; combat célèbre, et qui fait honneur au sang-froid français.

Combat de Cana (Kanah).

Le 20, le général Kleber partit du camp d'Acre, il marcha à l'ennemi, et le rencontra près du village de Cana ; il se forma en deux carrés : après s'être canonnés et fusillés une partie de la journée, chacun rentra dans son camp.

Bataille du Mont-Thâbòr.

Le 22, l'ennemi déborda la droite du général Kleber, et se porta dans la plaine d'Esdrélon pour se joindre aux Nâblousyns.

Le général Kleber se porta entre le Jourdain et l'ennemi, tourna le Mont-Thâbòr, et marcha toute la nuit du 26 au 27 pour l'attaquer de nuit.

Il n'arriva en présence de l'ennemi qu'au jour; il forma sa division en bataillon carré: une nuée d'ennemis l'investit de tous côtés; il essuya toute la journée des charges de cavalerie: toutes furent repoussées avec la plus grande bravoure.

La division Bon étoit partie le 25 à midi du camp d'Acre, et se trouva le 27 à neuf heures du matin sur les derrieres de l'ennemi qui occupoit un immense champ de bataille. Jamais nous n'avions vu tant de cavalerie caracoler, charger, se mouvoir dans tous les sens; on ne se montra point; notre cavalerie enleva le camp ennemi qui étoit à deux heures du champ de bataille. On prit plus de quatre cents chameaux et tous les bagages, spécialement ceux des Mamloùks.

Les généraux Vial et Rampon, à la tête de leurs troupes formées en bataillons carrés, marcherent dans différentes directions, de maniere à former, avec la division Kleber, les trois angles d'un triangle équilatéral de deux mille toises de côté : l'ennemi étoit au centre.

Arrivés à la portée du canon, ils se démasquerent : l'épouvante se mit dans les rangs ennemis ; en un clin d'œil, cette nuée de cavaliers s'écoula en désordre, et gagna le Jourdain ; l'infanterie gagna les hauteurs, la nuit la sauva.

Le lendemain, je fis brûler les villages de Djényn, Noùrès, Oùâlar, pour punir les Nâblousyns.

Le général Kleber poursuivit les ennemis jusqu'au Jourdain.

Combat de Ssafet.

Cependant le général Murat étoit parti le 23 du camp pour faire lever le siege de Ssafet, et enlever les magasins de Thabaryéh ; il battit la colonne ennemie, et s'empara de ses bagages.

Ainsi, cette armée, qui s'étoit annoncée avec tant de fracas, aussi nombreuse, disoient les gens du pays, *que les étoiles du ciel et les sables de la mer*, assemblage bizarre de fantassins et de cavaliers de toutes les couleurs et de tous les pays, repassa le Jourdain avec la plus grande précipitation, après avoir laissé une grande quantité de morts sur le champ de bataille. Si l'on juge de son épouvante par la rapidité de sa fuite, jamais il n'y en eut de pareille.

Vous verrez dans le journal du siege d'Acre, les différents travaux qui furent faits de part et d'autre pour le passage du fossé, et pour se loger dans la tour que l'on mina et contremina;

Que, plusieurs pieces de vingt-quatre étant arrivées, on battit sérieusement la ville en breche; que les 7, 10, et 13 floréal, l'ennemi fit des sorties, et fut vigoureusement repoussé;

Que, le 19 floréal, l'ennemi reçut un renfort porté sur trente bâtiments de guerre turks;

Qu'il fit le même jour quatre sorties; qu'il remplit nos boyaux de ses cadavres;

Que nous nous logeâmes, après un assaut extrêmement meurtrier, dans un des points les plus essentiels de la place.

Aujourd'hui, nous sommes maîtres des principaux points du rempart. L'ennemi a fait une seconde enceinte ayant pour point d'appui le château de Djezzâr.

Il nous resteroit à cheminer dans la ville; il faudroit ouvrir la tranchée devant chaque maison, et perdre plus de monde que je ne le veux faire.

La saison d'ailleurs est trop avancée; le but que je m'étois proposé se trouve rempli; l'Égypte m'appelle.

Je fais placer une batterie de vingt-quatre pour raser le palais de Djezzâr, et les principaux monuments de la ville; je fais jeter un millier de bombes qui, dans un endroit aussi resserré, doivent faire un mal considérable. Ayant réduit Acre en un monceau de pierres, je repasserai le désert, prêt à recevoir l'armée européenne ou turke, qui, en messidor ou thermidor, voudroit débarquer en Égypte.

Je vous enverrai du Caire une relation des victoires que le général Desaix a remportées dans la haute Egypte ; il a déja détruit plusieurs fois les gens arrivés d'Arabie, et dissipé presque entièrement les Mamloùks.

Dans toutes ces affaires, un bon nombre de braves sont morts, à la tête desquels les généraux Caffarelli et Rombaud : un grand nombre sont blessés ; parmi ces derniers, les généraux Bon et Lasnes.

J'ai eu, depuis mon passage du désert, cinq-cents hommes tués, et le double de blessés.

L'ennemi a perdu plus de quinze mille hommes.

Je vous demande le grade de général de division pour le général Lasnes, et le grade de général de brigade pour le citoyen Songis, chef de brigade d'artillerie.

J'ai donné de l'avancement aux officiers, dont vous trouverez ci-joint l'état.

Je vous ferai connoître les traits de courage qui ont distingué un grand nombre de braves.

J'ai été parfaitement content de l'armée, dans des évènements, et dans un genre de guerre, si nouveaux pour des Européens; elle fait voir que le vrai courage et les talents guerriers ne s'étonnent de rien, et ne se rebutent d'aucun genre de privation. Le résultat sera, nous l'espérons, une paix avantageuse, un accroissement de gloire et de prospérité pour la république.

BONAPARTE.

Pour copie conforme :
Le général de division, chef de l'état-major-général,

Alex. BERTHIER.

Au quartier-général de Jaffa (Yâfâ), le 8 prairial an 7.

BONAPARTE, général en chef,
Au Directoire exécutif.

Citoyens directeurs,

Je vous ai fait connoître, par le courrier que je vous ai expédié le 21 floréal, les évènements glorieux pour la république, qui se sont passés depuis trois mois en Syrie, et la résolution où j'étois de repasser promptement le désert, pour me retrouver en Egypte avant le mois de juin.

Les batteries de mortiers et de vingt-quatre furent établies, comme je vous l'ai annoncé, dans la journée du 23 floréal, pour raser la maison de Djezzâr, et détruire les principaux monuments d'Acre ; elles jouerent pendant soixante-douze heures, et remplirent l'effet que je m'étois proposé : le feu fut constamment dans la ville.

La garnison désespérée fit une sortie générale le 27 floréal ; le général de brigade Verdier étoit de tranchée : le combat dura trois heures. Le reste des troupes arrivées le 19 de Constantinople, et exercées à l'européenne, déboucherent sur nos tranchées en colonnes serrées : nous repliâmes les postes que nous occupions sur les remparts ; par-là, les batteries des pieces de campagne purent tirer à mitraille, à quatre-vingt toises, sur les ennemis : près de la moitié resta sur le champ de bataille. Alors nos troupes battirent la charge dans les tranchées ; on les poursuivit jusques dans la ville la baïonnette dans les reins, on leur prit dix-huit drapeaux.

L'occasion paroissoit favorable pour emporter la ville, mais nos espions, les déserteurs, et les prisonniers, s'accordoient tous dans le rapport que la peste faisoit d'horribles ravages dans la ville d'Acre, que, tous les jours, plus de soixante personnes en mouroient, que les symptômes en étoient terribles, qu'en trente-six heures on étoit emporté au milieu de convulsions pareilles à celles de la rage.

Répandu dans la ville, il eût été impossible

d'empêcher le soldat de la piller : il auroit rapporté le soir dans le camp les germes de ce terrible fléau, plus à redouter que toutes les armées du monde.

L'armée partit d'Acre le 2 prairial, et arriva le soir à Thenthoùrah.

Elle campa le 3 sur les ruines de Césarée, au milieu des débris des colonnes de marbre et de granit qui annoncent ce que devoit être autrefois cette ville.

Nous sommes arrivés à Jaffa le 5.

Depuis deux jours, des détachements de l'armée filent pour l'Egypte.

Je resterai encore quelques jours à Jaffa pour en faire sauter les fortifications, j'irai punir ensuite quelques cantons qui se sont mal conduits ; et, dans quelques jours, je passerai le désert, en laissant une forte garnison à êl-A'rych.

Ma premiere dépêche sera datée du Caire.

Signé BONAPARTE.

Pour copie conforme :
Le général de division, chef de l'état-major-général,

Alex. BERTHIER.

Au quartier-général du Caire, le premier messidor, an 7 de la république.

BONAPARTE, général en chef,
Au Directoire exécutif.

Citoyens Directeurs,

Pendant mon invasion en Syrie, il s'est passé dans la basse Egypte des évènements militaires que je dois vous faire connoître.

Révolte de Bénéçoùef.

Le 12 pluviose, une partie de la province de Bénêçoùef se révolta. Le général Veaux marcha avec un bataillon de la vingt-deuxieme ; il remplit de cadavres ennemis quatre lieues de pays. Tout rentra dans l'ordre. Il n'eut que trois hommes tués et vingt blessés.

Bombardement d'Alexandrie.

Le 15 pluviose, la croisiere anglaise devant Alexandrie se renforça, et, peu de temps après, elle commença à bombarber le port. Les Anglais jeterent quinze à seize cents bombes, ne tuerent personne ; ils firent écrouler deux mauvaises maisons, et coulerent une mauvaise barque.

Le 16 ventose, la croisiere disparut ; on ne l'a plus revue.

Flottille de la Mer rouge.

Quatre chaloupes canonnieres partirent, le 13 pluviose, de Suez (Soùeys), arriverent le 18 devant Qosséyr, où elles trouverent plusieurs bâtiments chargés des trésors des Mamloùks que le général Desaix avoit défaits dans la haute Egypte. Au premier coup de canon, la chaloupe canonniere *le Tagliamento* prit feu, et sauta en l'air.

La république n'aura jamais de marine, tant que l'on ne refera pas toutes les lois maritimes. Un hamac mal placé, une gargousse négligée, perdent toute une escadre. Il faut proscrire les jurys, les conseils, les assemblées, à bord d'un vaisseau ; il ne doit y avoir qu'une autorité, celle du capitaine, qui doit être plus absolue que celle des consuls dans les armées romaines.

Si nous n'avons pas eu un succès sur mer, ce n'est ni faute d'hommes capables, ni de matériel, ni d'argent, mais faute de bonnes lois. Si l'on continue à laisser subsister la même organisation maritime, mieux vaut-il fermer nos ports ; c'est y jeter notre argent.

Charqyéh.

Le citoyen Duranteau, chef du troisieme bataillon de la trente-deuxieme, se porta, le 24 ventose, dans la Charqyéh; le village de Bordéyn, qui s'étoit révolté, fut brûlé, et ses habitants passés au fil de l'épée.

Arabes du grand désert à Djyzéh.

Le 15 ventose, le général Dugua, instruit qu'une nouvelle tribu du fond de l'Afrique arrivoit sur les confins de la province de Djyzéh, fit marcher le général Lanusse, qui surprit leur camp, leur tendit plusieurs embuscades, et leur prit une grande quantité de chameaux, après leur avoir tué plusieurs centaines d'hommes. Le fils du général Leclerc, jeune homme distingué, fut blessé.

Révolte de l'émir Hhâdjy.

L'émir Hhâdjy, homme d'un caractere foible et irrésolu, que j'avois comblé de bienfaits, n'a pu résister aux intrigues dont il a été environné; il s'est inscrit lui-même au nombre de nos ennemis. Réuni à plusieurs tribus d'Arabes et à quelques Mamloùks, il s'est présenté dans l'arene. Chassé, poursuivi, il perdit dans un jour les biens que je lui avois donnés, ses trésors et une partie de sa famille qui étoit encore au Caire, et la réputation d'un homme d'honneur qu'il avoit eue jusqu'alors.

L'ange él-Mahdy.

Au commencement de floréal, une scene, la premiere de ce genre que nous ayons encore vue, mit en révolte la province de Bahhyréh. Un homme, venu du fond de l'Afrique, débarqué à Dernéh, arrive, réunit des Arabés, et se dit l'ange *él-Mahdy*, annoncé dans le Qorân par le prophete. Deux cents Moghrebyns arrivent quelques jours après comme par hasard, et viennent se ranger sous ses ordres. L'ange *él-Mahdy* doit descendre du ciel; cet imposteur prétend être descendu du ciel au milieu du désert: lui qui est nu, prodigue l'or qu'il a l'art de tenir caché. Tous les jours, il trempe ses doigts dans une jatte de lait, se les passe sous les levres: c'est la seule nourriture qu'il prend. Il se porte sur Damenhoùr, surprend soixante hommes de la légion nautique, que l'on avoit eu l'imprudence d'y laisser, au lieu de les placer dans la redoute de Rahhmânyéh, et les égorge. Encouragé par ce succès, il exalte l'imagination de ses disciples; il doit, en jetant un peu de poussiere contre nos canons, empêcher la poudre de prendre, et faire tomber devant les vrais croyants les balles de nos fusils : un grand nombre d'hommes atteste cent miracles de cette nature qu'il fait tous les jours.

Le chef de brigade Lefebvre partit de Rahhmânyéh avec quatre cents hommes, pour marcher contre l'ange ; mais voyant à chaque instant le nombre des ennemis s'accroître, il sent l'impossibilité de pouvoir mettre à la raison une si grande quantité d'hommes fanatisés. Il se range en bataillon carré, et tue toute la journée ces insensés qui se précipitent sur nos canons, ne pouvant revenir de leur prestige. Ce n'est que la nuit que ces fanatiques, comptant leurs morts (il y en avoit plus de mille) et leurs blessés, comprennent que *Dieu ne fait plus de miracles.*

Le 19 floréal, le général Lanusse, qui s'est porté avec la plus grande activité par-tout où il y a eu des ennemis à combattre, arrive à Damenhoùr, passe quinze cents hommes au fil de l'épée ; un monceau de cendres indique la place où fut Damenhoùr. L'ange *él-Mahdy*, blessé de plusieurs coups, sent lui-même son zele se refroidir ; il se cache dans le fond des déserts environné encore de partisans : car, dans des têtes fanatisées, il n'y a point d'organes par où la raison puisse pénétrer.

Cependant la nature de cette révolte contribua à accélérer mon retour en Egypte.

Cette scene bizarre étoit concertée, et devoit

avoir lieu au même instant où la flotte turke, qui a débarqué l'armée que j'ai détruite sous Acre, devoit arriver devant Alexandrie.

L'armement de cette flotte, dont les Mamloûks de la haute Egypte avoient été instruits par des dromadaires, leur fit faire un mouvement sur la basse Egypte; mais, battus plusieurs fois par le chef de brigade Destrées, officier d'une bravoure distinguée, ils descendirent dans la Charqyéh. Le général Dugua ordonna au général Davoust de s'y porter. Le 19 floréal, il attaqua Elfy bey et les Billys: quelques coups de canon ayant tué trois des principaux kâchefs d'Elfy, il fuit épouvanté dans les déserts.

Canonnade de Suèz (Soùès).

Un vaisseau et une frégate anglaise sont arrivés à Soùès vers le 15 floréal. Une canonnade s'est engagée; mais les Anglais ont cessé dès l'instant qu'ils ont reconnu Soùès muni d'une artillerie nombreuse en état de les recevoir : les deux bâtiments ont disparu.

Combat sur le canal de Mo'ëz.

Le général Lanusse, après avoir délivré la province de Bahhyréh, atteignit, le 17 prairial, au village de Kafr-Fourniq, dans la Charqyéh, les

Moghrebyns et les hommes échappés de la Bah-hyréh; il leur tua cent cinquante hommes, et brûla le village.

Le 15 prairial, j'arrivai à él-A'rych, de retour de Syrie. La chaleur du sable du désert a fait monter le thermomètre à 44°: l'atmosphère étoit à 34°. Il falloit faire onze lieues par jour pour arriver aux puits, où se trouve un peu d'eau salée, sulfureuse, et chaude, que l'on boit avec plus d'avidité que chez nos restaurateurs une bonne bouteille de vin de Champagne.

Mon entrée au Caire s'est faite le 26 prairial, environné d'un peuple immense qui avoit garni les rues, et de tous les muftys montés sur des mules, *parceque le prophete montoit de préférence ces animaux*, de tous les corps de janissaires des ôdjâqs, des âghâs de la police du jour et de nuit, de descendants d'Aboù-Bekr, de Fathyme, et des fils de plusieurs saints révérés par les vrais croyants; les chefs des marchands marchoient devant, ainsi que le patriarche Qobthe: la marche étoit fermée par les troupes auxiliaires grecques.

Je dois témoigner ma satisfaction au général Dugua, au général Lanusse, et au chef de bataillon Duranteau.

Les cheykhs él-Bekry, él-Cherqâoùy, él-Sâdât, él-Mahdy, Ssâoùy, se sont comportés aussi bien que je le pouvois desirer; ils prêchent tous les jours dans les mosquées pour nous : leurs firmâns font la plus grande impression dans les provinces. Ils descendent pour la plupart des premiers khalyfes, et sont dans une singuliere vénération parmi le peuple.

BONAPARTE.

Pour copie conforme ;
   Le général de division, chef de l'état-major-général de l'armée.
Alex. BERTHIER.

Au quartier-général du Caire, le 5 messidor an 7 de la république.

BONAPARTE, général en chef,
  Au Directoire exécutif.

CITOYENS DIRECTEURS,

Après la bataille des Pyramides, les Mamloûks se diviserent. Ibrâhym bey se retira dans la Charqyéh, passa le désert, séjourna à Ghazah et à Damas. Affoibli par les pertes qu'il a essuyées pendant mon incursion en Syrie, il est aujourd'hui dans la plus profonde misere.

Mourâd bey remonta le Nil avec une nombreuse flottille, et se retira dans la haute Egypte. Battu à Sédymân, il étoit toujours maître des provinces supérieures, et dans une position menaçante.

Le 20 frimaire, le général Desaix, ayant été renforcé de la plus grande partie de la cavalerie de l'armée, se mit en marche, et arriva le 9 nivose à Djirdjéh.

A deux journées plus haut, Mourâd bey l'attendoit, réuni à Hhaçan bey, à deux mille Arabes d'Yamb'o, qui venoient de débarquer à Qosséyr, et à une grande quantité de paysans qu'il avoit soulevés.

Combats de Soheïdje et de Tahhtah.

Le général Desaix, ayant appris que plusieurs rassemblements armés occupoient les rives du Nil, et s'opposoient à la marche de la flottille qui portoit ses munitions de guerre et ses vivres, envoya le général Davoust avec la cavalerie. Il trouva et dissipa, les 14 et 19 nivose, des rassemblements de paysans à Soheïdje et à Tahhtah : il massacra dans ces deux affaires plus de deux mille hommes. Le chef de brigade Pinon, à la tête du quinzième, et Boussard, à la tête du vingtieme de dragons, se sont particulièrement distingués.

Affaire de Samhoùd.

Ayant été rejoint par sa cavalerie et sa flottille,

le général Desaix marcha à l'ennemi, qu'il rencontra, le 3 pluviose, au village de Samhoùd. Il prit l'ordre de bataille accoutumé, en plaçant son infanterie en carré sur ses ailes, sa cavalerie en carré au centre. La droite étoit commandée par le général Friant, la gauche par le général Beillard, et le centre par le général Davoust. L'ennemi investit avec un tourbillon de cavalerie notre petite armée; mais ayant été vigoureusement repoussé par la mitraille et la mousqueterie, il fit un mouvement en arriere. Notre cavalerie se déploya alors et le poursuivit. Une centaine d'Arabes et de paysans furent massacrés; le reste s'éparpilla et fuit dans les déserts. Le citoyen Rapp, aide-de-camp du général Desaix, officier d'une grande bravoure, a été blessé d'un coup de sabre.

Le drapeau de la république flotta sur les Cataractes; toute la flottille de Mourâd bey se trouva prise, et, dès ce moment, la haute Egypte fut conquise. Le général Desaix plaça sa division en cantonnements le long du Nil, et commença l'organisation des provinces.

Le reste des Mamloùks et des Arabes d'Yamb'o ne pouvoit vivre dans le désert; la nécessité de se procurer de l'eau du Nil et des vivres engagea différents combats qui politiquement ne pouvoient plus être dangereux. N'ayant plus ni artillerie ni flottille, le succès d'un combat n'avoit pour but que le pillage; mais les bonnes dispositions du général Desaix, et la bravoure des troupes, ne leur donnerent pas même cette consolation.

Combat de Qénéh.

Le chef de brigade Conroux, avec la soixante-unieme, fut attaqué à Qénéh, le 22 pluviose, par cinq ou six cents Arabes; il joncha le champ de bataille de morts.

Combat de Samâthah.

Le général Friant marcha, le 24 pluviose, à Samâthah, où il savoit que se réunissoient les Arabes d'Yamb'o; il leur tua deux cents hommes.

Combat de Thebes.

Sur les ruines de Thebes, deux cents hommes du vingt-deuxieme de chasseurs et du quinzieme de dragons chargerent, le 23 pluviose, deux cents Mamloùks, qu'ils disperserent. Ils regagnerent le désert, après avoir laissé une partie de leur monde sur le champ de bataille. Le chef de brigade Lassalle, du vingt-deuxieme de chasseurs, s'est conduit avec son intrépidité ordinaire.

Combat d'Esné.

Le 7 ventose, Mourâd bey se porta à Esnê : le citoyen Clément, aide-de-camp du général Desaix, le dispersa et l'obligea de regagner le désert.

Combat de Benoùtah.

Instruits que j'avois quitté l'Egypte, que j'avois passé le désert pour aller en Syrie, les Mamloùks crurent le général Desaix affoibli, et dès-lors le moment favorable pour l'attaquer. Ils redoublerent d'efforts, accoururent de tous les points du désert sur plusieurs points du Nil ; ils s'emparerent d'une de nos djermes, en égorgerent l'équipage, prirent huit pieces de canon, et, renforcés par quinze cents hommes qui venoient de débarquer à Qosséyr, ils se réunirent à Benoùtah, où ils se retrancherent. Le général Beillard marcha à eux, le 20 ventose, les attaqua, tua la moitié de leur monde, et dispersa le reste : c'est le combat où l'ennemi a montré le plus d'opiniâtreté.

Combat de Byr-áBár.

Le 13 germinal, le général Desaix, instruit que Hhaçan bey avoit le projet de se porter sur Qénéh, marcha dans le désert pour le chercher; le septieme de hussards et le dix-huitieme de dragons découvrirent l'ennemi, le chargerent, le disperserent après un combat très opiniâtre. Le citoyen Duplessis, commandant le septieme de hussards, fut tué en chargeant à la tête de son régiment.

Combat de Djirdjéh.

Le 16 germinal, le chef de bataillon Moran, attaqué dans le village de Djirdjéh, fut secouru par les habitants, et mit en fuite les Arabes et les paysans, après leur avoir tué plus de cent hommes.

Combat de Théméh.

Le chef de brigade Lassalle marcha à Théméh pendant la nuit du 20 germinal, surprit un rassemblement qui s'y trouvoit, tua une cinquantaine d'hommes, et le dispersa.

Combat de Bénéhady.

Les Mamloùks, voyant la haute Egypte garnie de troupes, filerent par le désert dans la basse Egypte. Le général Desaix envoya le général Davoust à leur suite. Il les rencontra au village de Bénéhady, les attaqua, les dispersa, après leur avoir tué un millier d'hommes. Nous avons eu trois hommes tués et trente blessés; mais parmi les tués se trouve le chef de brigade Pinon, du quinzieme de dragons, officier du plus rare mérite.

Prise de Qosséyr, le 10 prairial.

Le 10 prairial, le général Beillard et l'adjudant-général Donzelot sont entrés à Qosséyr, et ont pris possession de ce poste important: on s'occupe à le mettre dans le meilleur état de défense.

Cette occupation, celle de Soüès et d'êl-A'rych, ferment absolument l'entrée de l'Egypte du côté de la mer rouge et de la Syrie, tout comme les fortifications de Damiette, Rosette, et Alexandrie, rendent impraticable une attaque par mer, et assurent à jamais à la république la possession de cette belle partie du monde, dont la civilisation aura tant d'influence sur la grandeur nationale et sur les destinées futures des plus anciennes parties de l'univers.

Mourâd bey est retiré avec peu de monde dans les oasis, d'où il va être encore chassé. Hhaçan bey est à plus de quinze jours au-dessus des Cataractes; la plupart des tribus arabes sont soumises, et ont donné des ôtages; les paysans s'éclairent, et reviennent tous les jours des insinuations de nos ennemis; des forts nombreux, établis de distance en distance, les retiennent d'ailleurs, s'ils étoient mal intentionnés; les Arabes d'Yamb'o ont péri pour la plupart.

L'état-major vous enverra les noms des officiers auxquels j'ai accordé de l'avancement.

J'ai nommé au commandement du quinzieme de dragons le citoyen Barthelemy, chef d'escadron des guides à cheval, ancien officier de cavalerie distingué par ses connoissances.

Je vous demande le grade de général de brigade pour le citoyen Donzelot, adjudant-général du général Desaix.

BONAPARTE.

Pour copie conforme ;
    Le général de division, chef de l'état-major-général.

ALEX. BERTHIER.

Au quartier-général d'Alexandrie, le 9 thermidor an 7 de la république.

BONAPARTE, *général en chef*,
Au Directoire exécutif.

Bataille d'Aboùqyr.

Je vous ai annoncé, par ma dépêche du 21 floréal, que la saison des débarquements me déterminoit à quitter la Syrie.

Le 23 messidor, cent voiles, dont plusieurs de guerre, se présentent devant Alexandrie, et mouillent à Aboùqyr. Le 27, l'ennemi débarque, prend d'assaut, et avec une intrépidité singuliere, la redoute palissadée d'Aboùqyr. Le fort capitule : l'ennemi débarque son artillerie de campagne, et, renforcé par cinquante voiles, il prend position, sa droite appuyée à la mer, sa gauche au lac Ma'adyéh, sur de hautes collines de sable.

Je pars de mon camp des Pyramides le 27, j'arrive le 1er thermidor à Rahhmânyéh, je choisis Birket pour le centre de mes opérations, et, le 7 thermidor, à sept heures du matin, je me trouve en présence de l'ennemi.

Le général Lannes marche le long du lac, et se

range en bataille vis-à-vis la gauche de l'ennemi, dans le temps que le général Murat, qui commande l'avant-garde, fait attaquer la droite par le général Destaing : il est soutenu par le général Lanusse.

Une belle plaine de quatre cents toises sépare les ailes de l'armée ennemie ; notre cavalerie y pénetre, et, avec la rapidité de la pensée, se trouve sur les derrieres de la gauche et de la droite de l'ennemi, qui, sabré, culbuté, se noie dans la mer : pas un n'échappe. Si c'eût été une armée européenne, nous eussions fait trois mille prisonniers ; ici ce furent trois mille hommes morts.

La seconde ligne de l'ennemi, située à cinq ou six cents toises, occupe une position formidable. L'isthme est là extrêmement étroit ; il étoit retranché avec le plus grand soin, flanqué par trente chaloupes canonnieres : en avant de cette position, l'ennemi occupoit le village d'Aboùqyr, qu'il avoit crenelé et barricadé. Le général Murat force le village ; le général Lannes, avec la vingt-deuxieme et une partie de la soixante-neuvieme, se porte sur la gauche de l'ennemi ; le général Fugieres, en colonnes serrées, attaque la droite. La défense et l'attaque sont également vives ; mais l'intrépide cavalerie du général Murat a résolu d'avoir le principal honneur de cette journée ; elle charge l'ennemi sur sa gauche, se porte sur les derrieres de la droite, la surprend à un mauvais passage, et en fait une horrible boucherie. Le citoyen Bernard, chef de bataillon de la soixante-neuvieme, et le citoyen Baylle, capitaine de grenadiers de cette demi-brigade, entrent les premiers dans la redoute, et par là se couvrent de gloire.

Toute la seconde ligne de l'ennemi, comme la premiere, reste sur le champ de bataille, ou se noie.

Il reste à l'ennemi trois mille hommes de réserve qu'il a placés dans le fort d'Aboùqyr, situé à quatre cents toises derriere la seconde ligne; le général Lanusse l'investit : on le bombarde avec six mortiers.

Le rivage, où, l'année derniere, les courants ont porté les cadavres anglais et français, est aujourd'hui couvert de ceux de nos ennemis; on en a compté plusieurs milliers : pas un seul homme de cette armée ne s'est échappé.

Kùcéï Mussthafâ, pâchâ de Romélie, général en chef de l'armée, et cousin germain de l'ambassadeur turk à Paris, est prisonnier avec tous ses officiers : je vous envoie ses trois queues.

Nous avons eu cent hommes tués, et cinq cents blessés. Parmi les premiers, l'adjudant-général Leturcq, le chef de brigade Duvivier, le chef de brigade Cretin, et mon aide-de-camp Guibert. Les deux premiers étoient deux excellents officiers de cavalerie, d'une bravoure à toute épreuve, que le sort de la guerre avoit long-temps respectés; le troisieme étoit l'officier de génie que j'ai connu qui possédoit le mieux cette science difficile, et dans laquelle les moindres bévues ont tant d'influence sur le résultat des campagnes et les destinées des états : j'avois beaucoup d'amitié pour le quatrieme.

Les généraux Murat et Fugieres, et le chef de brigade Moranger, ont été blessés. Le général Fugieres a eu le bras gauche emporté d'un coup de canon ; il crut mourir : *Général*, me dit-il, *vous envierez un jour mon sort, je meurs sur le champ d'honneur*. Mais le calme et le sang-froid, premieres qualités d'un véritable soldat, l'ont déja mis hors de danger; et, quoiqu'il ait été amputé à l'épaule, il sera rétabli avant quinze jours.

Le gain de cette bataille est dû principalement au général Murat : je vous demande pour ce général le grade de général de division ; sa brigade de cavalerie a fait l'impossible.

Le chef de brigade Bessieres, à la tête des guides, a soutenu la réputation de son corps; l'adjudant-général de cavalerie Roize a manœuvré avec le plus grand sang-froid : le général Junot a eu son habit criblé de balles.

Je vous enverrai dans quelques jours de plus grands détails, avec l'état des officiers qui se sont distingués.

J'ai fait présent au général Berthier, de la part

du directoire exécutif, d'un poignard d'un beau travail, comme marque de satisfaction des services qu'il n'a cessé de rendre pendant toute la campagne.

BONAPARTE.

Pour copie conforme ;
  Le général de division, chef de l'état-major-général.

Alex. BERTHIER.

Au quartier-général du Caire, le 23 thermidor an 7 de la république.
BONAPARTE, général en chef,
Au Directoire exécutif.

Siege du fort d'Aboùqyr.

Le 8 thermidor, je fis sommer le château d'Aboùqyr de se rendre : le fils du pâchâ, son kiâyâ, et les officiers, vouloient capituler ; mais ils n'étoient pas écoutés des soldats.

Le 9, on continua le bombardement.

Le 10, plusieurs batteries furent établies sur la droite et la gauche de l'isthme : plusieurs chaloupes canonnieres furent coulées bas, une frégate fut démâtée, et prit le large.

Le même jour, l'ennemi, commençant à manquer de vivres, se faufila dans quelques maisons du village qui touche le fort : le général Lannes y étant accouru fut blessé à la jambe ; le général Menou le remplaça dans le commandement du siege.

Le 12, le général Davoust étoit de tranchée ; il s'empara de toutes les maisons où étoit logé l'ennemi, et le jeta dans le fort, après lui avoir tué beaucoup de monde. La vingt-deuxieme demi-brigade d'infanterie légere et le chef de brigade Magni, qui a été légèrement blessé, se sont parfaitement conduits. Le succès de cette journée, qui a accéléré la reddition du fort, est dû aux bonnes dispositions du général Davoust.

Le 15, le général Robin étoit de tranchée : nos batteries étoient sur la contrescarpe ; nos mortiers faisoient un feu très vif ; le château n'étoit plus qu'un monceau de pierres. L'ennemi n'avoit point de communication avec l'escadre, il mouroit de soif et de faim ; il prit le parti, non de capituler (ces gens-ci ne capitulent pas), mais de jeter ses armes, et de venir en foule embrasser les genoux du vainqueur. Le fils du pâchâ, le kiâyâ, et deux mille hommes, ont été faits prisonniers. On a trouvé dans le château trois cents blessés, dix-huit cents cadavres. Il y a telle de nos bombes qui a tué jusqu'à six hommes. Dans les premieres vingt-quatre heures de la sortie de la garnison turke, il est mort plus de quatre cents prisonniers, pour avoir trop bu, et mangé avec trop d'avidité.

Ainsi cette affaire d'Aboùqyr coûte à la Porte dix-huit mille hommes et une grande quantité de canons.

Pendant les quinze jours qu'a duré cette expédition, j'ai été très satisfait de l'esprit des habitants de l'Egypte : personne n'a remué, et tout le monde a continué de vivre comme à l'ordinaire.

Les officiers du génie Bertrand et Liédot, le commandant de l'artillerie Faultrier, se sont comportés avec la plus grande distinction.

BONAPARTE.

Pour copie conforme ;
  Le général de division, chef de l'état-major-général.

Alex. BERTHIER.

CAMPAGNE

DE LA HAUTE ÉGYPTE.

ARMÉE D'ÉGYPTE. DIVISION DESAIX.

Au quartier-général à Syoùth, le 20 thermidor
an 7 de la république française.

*Le général DESAIX, commandant la Haute Egypte,
Au général en chef BONAPARTE.*

Mon général,

Après avoir rassemblé tous les moyens que vous aviez mis à ma disposition pour achever vos conquêtes sur les Mamloùks, les détruire, ou les chasser entièrement de l'Egypte, je me mis en marche de Bényçoùef le 26 frimaire dernier, pour attaquer Mourâd bey, qui se trouvoit campé à deux journées de nous, sur la rive gauche du canal de Joseph, et au bord du désert; son avant-garde couvroit le pays, et cherchoit à y lever des contributions et des vivres ; elle venoit de prendre poste au village de Fechnéh; nous l'en chassâmes le 17, et nous vînmes coucher à deux lieues plus loin.

Mais Mourâd bey, qui avoit été instruit de notre mouvement, leva son camp précipitamment la nuit, et prit la route de Syoùth, suivant toujours les déserts ; je le sus ; je me mis à sa poursuite ; mais il avoit dix à douze heures d'avance sur nous, et nous ne pûmes jamais l'atteindre. Enfin, avec toute la célérité possible, nous passâmes Syoùth ; et arrivâmes à Djirdjéh le 9 nivôse. Il n'en fut pas de même de notre flottille, que des vents contraires avoient sans cesse retardée. Nous avions le plus grand besoin de tous les approvisionnements dont elle étoit chargée, et je fus forcé de l'attendre, quoiqu'elle arrivât vingt jours après nous.

Pendant cet intervalle, les Mamloùks, qui avoient pris position à Hhoùë, distant de nous de trois journées, cherchoient à nous susciter des ennemis de tous les côtés ; déja Mourâd bey avoit écrit aux chefs du pays d'Yamb'o et de Djeddah, pour les inviter à passer la mer, et venir se joindre à lui, pour défendre la religion de Mahomet, qu'un petit nombre d'infideles vouloit détruire ; qu'avec leur secours, nous écraser tous seroit l'affaire d'un moment. Des émissaires étoient en Nubie, et amenoient des renforts : d'autres, les plus adroits, étoient près du vieil Hhaçan bey Djeddâoùy, à

Esné, et devoient à tout prix le réconcilier avec Mourâd, et le décider à faire cause commune; d'autres enfin, mais plus pervers, étoient répandus dans le beau pays entre Djirdjéh et Syoùth, et devoient faire insurger les habitants sur nos derrieres, attaquer et détruire notre flottille.

Dès le 12, je sus qu'un rassemblement considérable de cavaliers et de paysans à pied se formoit près de Soùàqy, à quelques lieues de moi. J'avois le desir de voir éclater promptement les projets des insurgés, afin d'avoir le temps d'en faire un vigoureux exemple, et d'être le maître dans le pays : je voulois d'ailleurs y lever l'argent dont j'avois besoin; en conséquence, je donnai ordre au général Davoust de partir avec toute la cavalerie, et de marcher vivement sur ce rassemblement.

Combat de Soùàqy.

Le 14, notre cavalerie rencontra cette multitude d'hommes armés près du village de Soùàqy : à l'instant, le général Davoust fait former son corps de bataille par échelons, et ordonne à son avant-garde, composée des septieme de hussards et vingt-deuxieme de chasseurs, de fondre sur les ennemis; ils ne purent soutenir ce choc, et prirent la fuite : on les poursuivit long-temps; ils laisserent huit cents morts sur le champ de bataille.

J'avois lieu de croire qu'une pareille punition

produiroit un grand effet dans le pays ; mais non : la cavalerie ne faisoit que rentrer à Djirdjéh que j'ai avis qu'il se formoit, à quelques lieues de Syoùth, un rassemblement beaucoup plus considérable que le premier, de paysans à pied, à cheval, venus même des provinces de Minyet, de Bényçoùef, et d'Hoùârah (ci-devant les maîtres de l'Egypte supérieure).

Le retard de nos barques m'inquiétoit fort ; je n'en pouvois avoir aucune nouvelle sûre, et nos besoins augmentoient tous les jours ; je pris le parti de renvoyer le général Davoust à la tête de la cavalerie, en lui intimant l'ordre de sévir d'une maniere terrible contre les rebelles, et de faire l'impossible pour nous amener la flottille.

Combats de Soheïdje et de Tahhtah.

Le 19, le général Davoust se porta sur Tahhtah. Près du village, on lui rend compte qu'un gros corps de cavalerie ennemie charge en queue l'escadron du vingtieme régiment de dragons qui fait l'arriere-garde ; aussitôt il forme son corps de troupes, et se précipite sur les ennemis qu'il taille en pieces : mille sont restés morts sur la place. Tout en poursuivant les ennemis, le général Davoust se porte sur le Nil, et apperçoit notre flottille à la hauteur de Syoùth. Le vent devint un peu favorable : elle fait route, et, le 29 nivôse, elle arrive à Djirdjéh où notre cavalerie l'avoit devancée.

Depuis quelques jours, les rapports des espions annonçoient que mille cheryfs, habitants du pays d'Yamb'o et de Djeddah, avoient passé la mer rouge, et étoient débarqués à Qosseyr, sous les ordres d'un chef des Arabes d'Yamb'o ; qu'ils s'étoient portés à Qénéh, d'où ils étoient venus se réunir à Mourâd bey ; que déja Hhaçan bey Djeddâoùy et O'tsmân bey Hhaçan, à la tête de deux cents cinquante Mamloùks, étoient arrivés à Hhoùë; que des Nubiens et des Mogrebyns campoient sous les murs de ce village; deux à trois mille Arabes font nombre parmi les combattants, enfin des écrits séditieux ont été répandus avec profusion, et toute l'Egypte supérieure, depuis les Cataractes jusqu'à Djirdjéh, est en insurrection, et les habitants sont en armes.

Mourâd bey, plein d'espoir, à la tête d'une armée aussi formidable, se met en marche pour venir nous attaquer : son avant-garde, commandée par O'tsmân bey Bârdycy, couche le 2 dans le désert, à la hauteur de Ssâmhhoùd.

Après avoir pris sur nos barques tout ce qui nous étoit le plus urgent, nous partîmes de Djirdjéh le 2, pour aller à la rencontre des ennemis ; notre flottille nous suivoit; nous vînmes coucher à El-Ma'asserah.

Affaire de Ssâmhhoùd.

Le 3 pluviôse, à la pointe du jour, le septieme régiment de hussards, commandé par le chef de brigade Duplessis, qui faisoit l'avant-garde, rencontre celle des ennemis sous les murs de Ssâmhhoùd; aussitôt l'on se charge de part et d'autre. Les deux armées continuent leur marche, et dans peu elles sont en présence.

Alors je partageai mon infanterie en deux carrés égaux, et je plaçai ma cavalerie dans l'intervalle, formant elle-même un carré protégé et flanqué par le feu des deux autres. Le général Friant commandoit le carré de droite; le général Beillard, celui de gauche, et le général Davoust, la cavalerie.

A peine avions-nous pris cette position, que de toutes parts nous vîmes venir les ennemis: la cavalerie nous cerna à l'instant. Une colonne d'infanterie, composée en partie des Arabes d'Yamb'o, commandée par les chéryfs et les chefs de ce pays, se jeta dans un grand canal sur notre flanc gauche, et commençoit à nous inquiéter par son feu; j'ordonnai à mes aides-de-camp, Savary et Rapp, de se mettre à la tête d'un escadron du septieme de hussards, et de charger l'ennemi en flanc, pendant que le citoyen Clément, mon aide-de-camp, capitaine commandant les carabiniers de la vingt-unieme légere, formée en colonne serrée dans le canal, enfonceroit celle des ennemis. Mes ordres furent parfaitement exécutés; l'ennemi fut culbuté, et prit la fuite laissant une quinzaine de morts sur la place et emmenant beaucoup de blessés. Mon aide-de-camp Rapp, le citoyen Duvernois, capitaine de hussards, et quelques hussards, furent blessés. Un carabinier fut tué d'un coup de poignard, après avoir enlevé des drapeaux de la Mekke. Cette action nous rendit maîtres du village de Ssâmhhoùd.

Cependant les innombrables colonnes ennemies s'approchoient, et se disposoient à nous attaquer: des cris horribles se faisoient entendre. Déja la colonne des Arabes d'Yamb'o est reformée; elle attaque, et va pénétrer dans Ssâmhhoùd; mais les intrépides carabiniers de la vingt-unieme font un feu si vif, et leur bravoure est si grande, que l'ennemi est forcé de se retirer avec une perte considérable.

Dans ce moment, les Mamloùks veulent fournir une charge sur le carré du général Friant, tandis que plusieurs colonnes d'infanterie se portent sur celui du général Beillard; alors commença un feu d'artillerie et de mousqueterie si terrible, que les ennemis sont dispersés en un instant, et obligés de rétrograder, laissant le terrein couvert de morts: aussitôt j'ordonnai au général Davoust de charger le corps de Mamloùks, où commandoient les beys Mourâd et Hhaçan, qui faisoient mine de vouloir tenir bon. Je n'ai jamais rien vu de beau et d'imposant comme cette charge impétueuse de notre cavalerie; malheureusement les ennemis ne l'attendirent pas, et la fuite précipitée de Mourâd fut le signal de la retraite générale. Nous poursuivîmes l'ennemi pendant quatre heures, l'épée dans les reins; enfin nous fûmes obligés de nous arrêter à Farchouth, où nous trouvâmes beaucoup de Mamloûks morts et mourants de leurs blessures.

Dans cette journée, les ennemis ont eu plus de deux cents cinquante tués et beaucoup de blessés; les Arabes d'Yamb'o ont eu cent morts au moins: nous avons eu quatre hommes tués et quelques blessés.

Je ne puis trop vous faire l'éloge des officiers et soldats à mes ordres, sur-tout de notre artillerie légere, qui, dans cette journée, comme dans toutes, s'est conduite avec la bravoure et le sang-froid que vous lui connoissez, et qui l'ont tant de fois distinguée. A cette bataille, ainsi qu'à celle de Sédymân, elle étoit commandée par le chef de brigade Latournerie, officier du plus grand mérite, et singulièrement recommandable par son activité et ses talents militaires.

Le 4, à une heure du matin, nous continuâmes à poursuivre les ennemis. Nous arrivâmes dans un village, où nous trouvâmes une soixantaine d'Arabes d'Yamb'o, qui furent taillés en pieces. Une grande partie de cette infanterie étrangere avoit repassé le fleuve, et fuyoit à toutes jambes; beaucoup se disperserent dans le pays.

Le 9, nous arrivâmes à Esnê, où je laissai le général Friant et sa brigade, et, le 10, nous partîmes pour Syene (Eçoùân), où nous arrivâmes le 13, après avoir essuyé des fatigues excessives, en traversant les déserts, chassant toujours les ennemis devant nous.

Ainsi poursuivis sans relâche et presque sans ressource aucune, les beys Mouråd, Hhaçan, Soléymân, et huit autres beys, dont les Mamloùks étoient exténués de fatigues et dans l'impossibilité de se battre, ayant eu beaucoup de déserteurs, perdu beaucoup de chevaux, et une grande partie de leurs équipages, prirent la cruelle résolution de se jeter dans l'affreux pays de Bribe, au-dessus des Cataractes, et à quatre grandes journées de Syene.

Le 14, nous fîmes un détachement vers l'isle de Phylæ en Ethiopie, où nous prîmes beaucoup d'effets et plus de cinquante barques que les Mamloùks y avoient conduites avec des peines infinies, et que la célérité de notre marche les força d'abandonner. Il ne se trouva pas de barque près de Phylæ; nous ne pûmes pas y entrer: je laissai au général Beillard le soin de s'en emparer.

En traversant l'Egypte supérieure, nous avons

trouvé une quantité immense de monuments antiques de la plus grande beauté ; les restes de Thebes et du temple de Tentyra sur-tout sont des chefs-d'œuvre des connoissances humaines, et sont dignes de l'admiration du monde entier.

Je laissai à Syene le général Beillard, et la vingt-unieme légere ; je partis pour Esnê le 16, et j'y arrivai le 21 avec la cavalerie que j'avois divisée en deux corps sur les deux rives du Nil ; l'adjudant-général Rabasse commandoit celui de la rive droite.

Cependant O'tsmân bey Hhaçan n'avoit pas suivi Mourâd à Syene ; arrivé près de Raba'ïn, il y avoit passé le Nil avec deux cents cinquante Mamloùks environ, et vivoit sur la rive droite dans des villages de sa domination. Lorsqu'il apprit mon retour de Syene, il s'enfonça dans les déserts ; ma cavalerie étoit harassée : je me contentai de détruire ses ressources, et je me rendis promptement à Esnê.

Pendant mon absence, le général Friant avoit eu avis que les débris des Arabes d'Yamb'o se ralioient dans les environs de Qénéh, sur la route de Qosseyr ; et, dès le 18, il avoit formé une colonne mobile, composée de la soixante-unieme des grenadiers, de la quatre-vingt-huitieme, et une piece de canon, sous les ordres du chef de brigade Conroux, qui dans peu arriva à Qénéh, petite ville fort importante en raison de son grand commerce avec les habitants des rives de la mer rouge.

J'étois arrivé à Esnê : mes rapports m'annonçoient que le chef des Arabes d'Yamb'o se tenoit caché dans les déserts jusqu'à l'arrivée d'un second convoi qu'il attendoit; je pris le parti d'envoyer vers Qénéh le général Friant avec le reste de sa brigade, le chargeant de lever les contributions en argent et en chevaux jusqu'à Djirdjéh, sitôt qu'il seroit sûr des habitants de cette partie de la rive droite, fort difficiles à gouverner.

D'autres rapports m'assuroient que O'tsmân bey Hhaçan étoit revenu sur les bords du fleuve, et continuoit d'y faire vivre sa troupe; je ne voulois pas lui permettre de séjourner si près de moi. En conséquence, je fis marcher contre lui le général Davoust avec le vingt-deuxieme de chasseurs et le quinzieme de dragons; le premier, commandé par le chef de brigade Lassalle, et le second, par le chef d'escadron Fontette (le chef de brigade Pinon étoit resté malade à Esnê).

Combat de Thebes.

Le 24, à la pointe du jour, le général Davoust apprend que O'tsmân bey Hhaçan est sur le bord du Nil, et que ses chameaux font de l'eau; il ordonne que l'on presse la marche. En effet, dans peu les éclaireurs le préviennent que l'on voit les chameaux qui rentrent dans le désert; que les ennemis sont au pied de la montagne, et paroissent protéger leur convoi. Le général Davoust forme sa cavalerie sur deux lignes, et marche vivement aux Mamloùks, qui d'abord ont l'air de se retirer, puis font volte-face, et fournissent une charge extrêmement vigoureuse sous le feu terrible du quinzieme de dragons; plusieurs Mamloùks tombent morts; le chef d'escadron Fontette est tué d'un coup de sabre; O'tsmân bey a son cheval tué, et est lui-même dangereusement blessé. Alors le vingt-deuxieme de chasseurs se précipite sur les ennemis; nos troupes sont pêle-mêle avec eux : le carnage devient affreux; mais malgré la supériorité des armes et du nombre, les Mamloùks sont forcés d'abandonner le champ de bataille, y laissant beaucoup des leurs, dont plusieurs kâchefs. Ils se retirent promptement vers leurs chameaux, qui, pendant le combat, avoient continué leur route dans le désert.

Le général Davoust couvre d'éloges ces deux régiments de cavalerie, qui ont reçu et fourni la charge avec une bravoure et un courage à toute épreuve. Il parle avec le plus grand intérêt du chef de brigade Lassalle, qui, après avoir tué bon nombre d'ennemis, eut son sabre cassé à la monture, et eut le bonheur de se retirer sans être blessé; et du citoyen Montéléger, son aide-de-camp, qui, ayant été blessé et ayant eu son cheval tué dans le plus fort du combat, eut la présence d'esprit de se saisir du cheval d'un Mamloùk tué, et de sortir ainsi de la mêlée. Nous avons eu dans cette vive affaire vingt-cinq tués et quarante blessés ; la perte des ennemis passe la nôtre de beaucoup.

O'tsmân bey se retire dans l'intérieur des déserts, sur le chemin de Qosséyr, à une citerne nommée la Kuita; mais on croyoit que, ne pouvant y vivre que fort difficilement, il reviendroit vers Radécyéh, et passeroit peut-être sur la rive gauche, dans un village qui lui appartenoit, près d'Edfoù. En conséquence, j'envoyai dans ce dernier endroit un détachement de cent soixante hommes de la vingt-unieme légere, commandée par mon aide-de-camp Clément.

Le 26, le général Davoust revient à Esnê, et le 27 je pars de cette ville, y laissant une garnison de deux cents hommes du soixante-unieme et quatre-vingt-huitieme, sous les ordres du citoyen Binot, aide-de-camp du général Friant, qui, avec ces mêmes troupes, avoit conduit un fort convoi de subsistances à Syene.

Je venois de me mettre en route pour Qoùss, lorsque je reçois des nouvelles du chef de brigade Conroux.

Combat de Qénéh.

Ainsi que je vous l'ai mandé, mon général, après la bataille de Ssamhhoùd, une grande partie des Arabes d'Yamb'o avoit repassé le Nil, et étoit venue se cacher dans les environs de Qénéh; ils manquoient de moyens nécessaires pour retourner à Qosséyr: les habitants leur fournissoient peu de vivres; leur chef crut qu'il falloit se faire des ressources pour gagner le temps de l'arrivée de son deuxieme convoi; il forma donc le projet d'enlever Qénéh.

Or, le 24, à onze heures du soir, tous les postes avancés de la soixante-unieme sont attaqués en même temps par huit cents Arabes d'Yamb'o, qui avoient entraîné avec eux beaucoup de paysans; aussitôt les troupes sont sous les armes, marchent à l'ennemi, et le culbutent par-tout. Le chef de brigade Conroux, jeune officier plein d'intelligence, d'activité, et doué de beaucoup de talents militaires, se portant d'un point à l'autre de la ligne de bataille, reçut sur la tête un coup de pique qui l'étendit par terre; ses grenadiers se précipitent à sa défense, et l'emportent sans connoissance; ils jurent tous de le venger. La vive défense de nos troupes avoit forcé les ennemis à se retirer; il étoit nuit profonde, et l'on vouloit attendre le lever de la lune pour les poursuivre.

Le chef de bataillon Dorsenne, qui commandoit la place, veilloit avec grand soin à sa défense, en attendant impatiemment le moment de continuer la destruction des ennemis. A peine les mesures sont-elles prises, que l'ennemi revient en foule, en poussant des cris épouvantables. Cette fois, ils n'en furent pas quittes comme la premiere : ils furent reçus de même par une fusillade extrêmement vive ; mais on ordonna la charge, et ils furent mis dans une déroute complete ; on les poursuivit pendant des heures entieres. En fuyant, deux à trois cents de ces fanatiques se jettent dans un enclos de palmiers ; malgré les feux de demi-bataillon que leur fait faire le citoyen Dorsenne, ils s'acharnent à s'y défendre ; ils y sont tous mis à mort.

Le chef de brigade Conroux pense que les Arabes d'Yamb'o ont eu plus de trois cents tués dans cette affaire où beaucoup de paysans ont péri. De son côté, il n'a eu que trois blessés, du nombre desquels se trouve le chef de bataillon Dorsenne, dont il rend le compte le plus avantageux. Toute sa troupe, les grenadiers de la quatre-vingt-huitieme sur-tout, et les siens, ont donné les preuves de la plus grande bravoure.

Quelques heures après ce combat, le général Friant arriva à Qénéh, ainsi que le septieme de hussards.

Le 29, j'arrivai à Qoùss avec les quatorzieme

et dix-huitieme régiments de dragons. J'avois detaché à quelques lieues de moi les quinzieme et vingtieme sous les ordres du chef de brigade Pinon, à Salâmyeh, point extrêmement important, et un débouche de la Kuita. J'ordonnai que l'on s'occupât par-tout de la levée des chevaux, et de la perception de l'impôt en argent, dont nous avions le plus grand besoin.

Depuis le combat de Qénéh, on savoit que les Arabes d'Yamb'o s'étoient retirés dans les déserts à la hauteur d'Aboùma'anâh; que leur chéryf Hhaçan, fanatique des plus exaltés, et entreprenant, entretenoit les siens de l'espoir de nous détruire sitôt que les renforts seroient arrivés; qu'en attendant il mettoit tout en œuvre pour soulever contre nous les vrais croyants de la rive droite; qu'à sa voix tous sont en mouvement, et courent aux armes. Déja une grande quantité d'Arabes sont arrivés à Aboùma'anâh; des Mamloùks épars et sans asyle s'y rendent aussi. L'orage grossit. Les belliqueux habitants de la rive droite ne connoissent pas encore la puissance de nos armes : le général Friant est chargé de leur donner une preuve de notre supériorité, même sur les envoyés du grand chéryf de la Mekke; le premier homme après Mahomet.

Combat d'Aboùma'anâh.

Le 29 pluviose, le général Friant arrive près d'Aboùma'anâh : il le trouve plein de gens armés ; les Arabes d'Yamb'o sont en bataille en avant, et plus de trois cents cavaliers de toutes les couleurs flanquent la droite du village. De suite ce général fait former son corps de bataille ; ses grenadiers le sont déja en colonne d'attaque commandée par le chef de brigade Conroux. Après avoir reçu plusieurs coups de canon, et à l'approche des grenadiers, la cavalerie et les paysans prennent la fuite ; mais les Arabes d'Yamb'o tiennent bon ; alors le général Friant forme deux colonnes pour tourner le village, et leur enlever leur retraite. Ils ne peuvent résister au choc terrible des grenadiers ; ils se jettent dans le village, où ils sont assaillis et mis en pieces. Cependant une autre colonne, commandée par le citoyen Silly, chef de brigade commandant la quatre-vingt-huitieme, poursuivoit les fuyards ; nos soldats y mirent tant d'acharnement, qu'ils s'enfoncerent à cinq heures dans les déserts, et arriverent ainsi sur le camp des Arabes d'Yamb'o : fort heureusement ils y trouverent, avec beaucoup d'effets de toute espece, *de l'eau et du pain*. Le général Friant ne voyoit point revenir cette colonne ; son inquiétude étoit extrême, et augmentoit à chaque instant; il pensoit que, si elle ne se perdoit pas dans les immenses plaines de déserts où elle s'étoit jetée, au moins perdrions-nous beaucoup de soldats, que la faim et sur-tout la soif auroient accablés. Mais quelle fut sa surprise de voir revenir nos soldats chargés de butin, et frais, et dispos! Un Arabe, que l'on avoit fait prisonnier en entrant dans le désert, avoit conduit la colonne au camp ennemi.

Les Arabes d'Yamb'o ont perdu dans cette journée quatre cents morts, et ont eu beaucoup de blessés. Une grande quantité de paysans furent tués dans les déserts. Nous avons eu quelques blessés. Le général Friant est on ne peut plus satisfait de la conduite de ses braves troupes. Il loue beaucoup les chefs de brigade Conroux et Silly, ainsi que le citoyen Petit, capitaine, remplissant près de lui les fonctions d'aide-de-camp. Ce général m'a envoyé une note d'avancement pour plusieurs officiers et sous-officiers qui s'y sont distingués; je vous la ferai passer, en vous priant de vouloir bien y faire droit.

Après le combat d'Aboùma'anâh, le général Friant continue sa route vers Djirdjéh, où il arrive le 3 ventose. Il y laisse un bataillon de la quatre-vingt-huitieme, sous les ordres du citoyen Moran, chef de brigade à la suite de ce corps, et, deux jours après, il se porte à Farchoûth, d'où il renvoie les deux bataillons de la soixante-unieme à Qénéh.

Dans cet intervalle, le général Beillard m'écrivit qu'ayant appris que Mourâd bey avoit fait un mouvement pour se rapprocher de Syene, il avoit marché à lui, et l'avoit forcé de rentrer dans le mauvais pays de Bribe. Quelques jours après, ce général me mandoit que plusieurs kâchefs, et une centaine de Mamloûks, s'étoient jetés dans les déserts de la rive droite pour éviter Syene, et alloient rejoindre O'tsmân bey Hhaçan à la Kuita. Le détachement que j'avois à Edfoû les vit : vainement il se mit à leur poursuite ; ce détachement rentra à Esnê quelques jours après, pour remplacer la garnison qui devoit courir le pays.

D'autres avis m'instruisoient que Mohhammed bey l'Elfy, séparé de l'armée ennemie par l'effet de notre charge de cavalerie, le jour de la bataille de Ssâmhhoûd, après avoir passé quelque temps dans les oasis au-dessus d'Akhmym, avoit passé le Nil, et étoit à Syoûth, où il levoit de l'argent et des chevaux ; que les tribus arabes de Koraïm et Bénoûâfy l'aidoient dans ses projets, et étoient à ses ordres.

Combat d'Esné.

Enfin, je reçus avis que, parvenus à cacher leur marche au général Beillard, et avec une rapidité excessive, les beys Mourâd, Hhaçan, et plusieurs autres beys, à la tête de sept à huit cents chevaux et beaucoup de Nubiens, avoient paru devant Esnê, le 7, à la pointe du jour; que mon aide-de-camp Clément, à la tête de son détachement de cent soixante hommes de la vingt-unieme, étoit sorti d'Esnê, et avoit présenté la bataille à cet immense rassemblement, qui avoit été intimidé par l'audacieuse valeur de nos troupes; qu'il les avoit harcelés pendant une heure; que les ennemis avoient préféré la fuite au combat, et avoient forcé de marche sur Arment.

Tous ces rapports réunis, et le bruit général du pays, me firent penser que le point de ralliement des ennemis étoit Syoùth. En conséquence, je rassemble mes troupes, j'ordonne au général Beillard, qui étoit descendu de Syene à la suite des Mamloùks, de laisser une garnison de quatre cents hommes à Esnê, et de continuer à descendre, en observant bien les mouvements des Arabes d'Yamb'o, et s'ils ne recevoient pas de renforts; enfin de les combattre par-tout où ils seroient.

Le 12, je passai le Nil et me portai sur Farchoùth, où j'arrivai le 13, laissant un peu derriere moi la djerme armée, l'*Italie*, et plusieurs barques chargées de munitions et de beaucoup d'objets d'artillerie; l'*Italie* portoit des blessés, quelques malades, les munitions de la soixante-unieme demi-brigade, et quelques hommes armés : et je marchai rapidement sur Syoùth, pour ne pas donner le temps à Mourâd bey de se réunir à l'Elfy bey, et les combattre si déja ils l'étoient. Chemin faisant, j'appris, près de Djirdjéh, qu'à leur passage les troupes de Mourâd bey étoient parvenues à faire soulever un nombre infini de paysans, toujours prêts à nous combattre lorsque nous faisons un mouvement pour descendre; qu'ils sont commandés par des principaux cheykhs du pays, entre autres par un Mamloùk brave et vigoureux, et qu'ils sont à quelques lieues de nous.

Combat de Soùamah.

Aussitôt que nous apperçûmes les ennemis, le général Friant forma trois gros corps de troupes, pour les envelopper et les empêcher de gagner le désert. Cette manœuvre réussit fort bien; dans un instant, mille de ces rebelles sont tués et noyés : le reste eut toutes les peines du monde à s'échapper, et ne fit sa retraite qu'à travers des milliers de coups de fusil.

Nous ne perdîmes personne; on prit cinquante chevaux, que leurs maîtres avoient abandonnés pour se jeter à la nage.

En forçant de marche, le lendemain de cette affaire, nous approchâmes si près les Mamloùks, que Mourâd bey se décida à faire route vers él-

Hhoùë, n'emmenant que cent cinquante hommes avec lui; les autres s'enfoncerent un peu plus dans le désert, et firent route vers Syoùth, où j'arrivai peu de temps après eux.

A mon approche, Elfy bey avoit repassé le fleuve, et étoit retourné dans la petite oasis d'Akhmym. Quelques kâchefs et Mamloùks de Mourâd bey l'y suivirent, ainsi que O'tsmân bey Cherqâoùy; les autres se jeterent dans les déserts au-dessus de Bényhâdy, où ils mouroient de faim. Beaucoup déserterent et vinrent à Syoùth; d'autres préférerent se cacher dans les villages, où, pour vivre, ils vendirent leurs armes. Ils nous sont tous venus depuis.

Cependant le chéryf Hhaçan avoit reçu un second convoi qui le renforçoit de quinze cents hommes; les débris du premier le rejoignent. A peine sont-ils réunis, qu'il apprend que je laissai des barques en arriere; qu'un vent du nord extrêmement fort les empêche de descendre, et qu'avec des peines infinies elles n'ont pu venir qu'à la hauteur du village de Benoùthah, dont il n'est qu'à une lieue et demie. De suite, il en prévient O'tsmân bey Hhaçan à la Kuita, se met en marche, et arrive sur le Nil. Aussitôt nos barques sont attaquées par une forte fusillade; l'*Italie* répond par une canonnade terrible, et cent Arabes d'Yambo restent morts. Les ennemis viennent à bout de s'emparer de nos petites barques, mettent à terre les munitions de guerre et les objets d'artillerie dont ils jugent avoir besoin, les remplissent de monde, et courent à l'abordage sur l'*Italie*. Alors le commandant de cette djerme, le courageux Morandi, redouble ses décharges à mitraille; mais ayant déja beaucoup de blessés à son bord, et voyant beaucoup de paysans qui vont l'attaquer de la rive gauche, il croit trouver son salut dans la fuite. Il met à la voile; il avoit peu de monde pour servir ses manœuvres; le vent étoit très fort, sa djerme s'échoue. Alors les ennemis abordent de tous côtés; l'intrépide Morandi a refusé de se rendre : il n'a plus d'espoir, il met le feu aux poudres de son bâtiment et se jette à la nage; dans le moment, il est assailli par une grêle de balles et de pierres, et expire dans les tourments. Tous les malheureux Français qui échapperent aux flammes de l'*Italie* furent massacrés par les fanatiques et cruels Arabes d'Yamb'o. Cet avantage avoit doublé l'espoir du chéryf; déja il avoit annoncé notre destruction comme certaine, et qu'il y avoit un petit corps d'infidèles près de lui; qu'il alloit l'écraser.

Le général Beillard étoit d'un avis contraire; sitôt qu'il sut l'évènement de nos barques, et que les Arabes d'Yamb'o étoient à Benoùthah, il passe le Nil à Él-qâmoùlê.

Combat de Coptos (Qéfth). Assaut du village et de la maison fortifiée de Benoùthah.

Le 18 matin, le général Beillard arrive près de l'ancienne Coptos : à l'instant, il apperçoit déboucher, tambour battant et drapeaux déployés, trois colonnes nombreuses d'infanterie, et plus de trois à quatre cents Mamloùks, dont le nombre venoit d'augmenter par l'arrivée de Hhaçan bey Djeddàoùy, qui avoit passé le Nil à Edfoù.

Le général fait former son carré (il n'avoit qu'une piece de canon de trois). Une des colonnes ennemies, la plus considérable, composée d'Arabes d'Yamb'o, s'approche : l'audace est peinte dans sa marche. A la vue de nos tirailleurs, le fanatique Hhaçan entre dans une sainte fureur, et ordonne à cent de ses plus braves de se jeter dessus, et de les égorger. Au lieu d'être épouvantés, nos soldats se réunissent et les attendent de pied ferme. Alors s'engage un combat de corps à corps, et dont le succès restoit incertain, lorsqu'une quinzaine de dragons du vingtieme chargent à bride abattue, séparent les combattants, sabrent plusieurs Arabes d'Yamb'o, pendant que nos chasseurs reprennent leurs armes, et taillent en pieces tous les autres. Plus de cinquante Arabes d'Yamb'o restent sur la place ; deux drapeaux de la Mekke sont pris. Le citoyen Laprade, adjudant-major de la vingt-unieme, en tue deux de sa main; le caporal Toinnard et le dragon Olivier en font autant.

Pendant cette action, des coups de canon bien dirigés empêchoient le chéryf de donner des secours à ses éclaireurs, et firent rebrousser chemin aux deux autres colonnes; mais les Mamloùks avoient tourné le carré, et faisoient mine de vouloir le charger en queue: on détacha vingt-cinq tirailleurs qui les continrent long-temps.

Le général Beillard fait continuer la marche; et, après avoir passé plusieurs fossés et canaux défendus et pris de suite, il arrive près de Benoùthah. Le canon tiroit déja sur nos tirailleurs; le général Beillard reconnoît la position des ennemis qui avoient placé quatre pieces de canon de l'autre côté d'un canal extrêmement large et profond; il fait former les carabiniers en colonne d'attaque, et ordonne que l'on enleve ces pieces au moment où le carré passeroit le canal, et menaceroit de tourner l'ennemi.

En effet, on bat la charge, et les carabiniers alloient enlever les pieces, lorsque les Mamloùks, qui avoient rapidement fait un mouvement en arriere, se précipitent sur eux à toute bride. Nos carabiniers ne sont point étonnés, font halte, et font une décharge de mousqueterie si vive, que les Mamloùks sont obligés de se retirer promptement, laissant plusieurs hommes et chevaux sur la place; les carabiniers se retournent, se jettent à corps perdu sur les pieces, y massacrent une trentaine d'Arabes d'Yamb'o, les enlevent, et les dirigent sur les ennemis qui se jetoient dans une mosquée, dans une grande barque, dans plusieurs maisons du village, sur-tout dans une maison de Mamloùk dont ils avoient crenelé les murailles, et où ils avoient tous leurs effets et leurs munitions de guerre et de bouche.

Alors le général Beillard forme deux colonnes; l'une destinée à cerner de très près la grande maison, l'autre à entrer dans le village, et enlever de vive force la mosquée, et toutes les maisons où il y auroit des ennemis. Jugez quel combat, mon général: des Arabes d'Yamb'o qui font feu de toutes parts; nos soldats qui entrent dans la barque, et qui y mettent à mort tout ce qui s'y trouve. Le chef de brigade Eppler, excellent officier, et d'une bravoure distinguée, commandoit dans le village; il veut entrer dans la mosquée, il en sort un feu si vif qu'il est obligé de se retirer; alors on l'embrase, et les Arabes d'Yamb'o qui la défendent y périssent dans les flammes; vingt autres maisons subissent le même sort; en un instant le village ne présente que des ruines, et les rues sont comblées de morts: jamais on n'a vu un pareil carnage. La grande maison restoit à prendre: Eppler se charge de cette expédition; par toutes les issues on arrive à la grande porte;

les sapeurs de la demi-brigade la cassent à coups de hache, pendant que les sapeurs de la ligne faisoient crouler la muraille du flanc gauche, et que des chasseurs mettoient le feu à une petite mosquée attenante à la maison, et où les ennemis avoient renfermé leurs munitions de guerre. Les poudres prennent feu, vingt-cinq Arabes d'Yamb'o sautent en l'air, et le mur s'écroule de toutes parts; aussitôt Eppler réunit ses forces sur ce point; et, malgré nos forcenés ennemis, qui, le fusil dans la main droite, le sabre dans les dents, et nuds comme des vers, veulent en défendre l'entrée, il parvient à se rendre maître de la grande cour : alors la plupart vont se cacher dans des réduits où ils sont tués quelques heures après.

Le général Beillard me mande que, dans cette journée, les Arabes d'Yamb'o ont eu douze cents morts, et beaucoup de blessés. Nous avons repris toutes nos barques excepté l'*Italie*, neuf pieces de canon, et deux drapeaux, que je vous enverrai à la premiere occasion. J'oubliois de vous dire que le chéryf Hhaçan a été trouvé parmi les morts. De son côté, le général Beillard a eu une trentaine de morts, et autant de blessés; du nombre des premiers, se trouve le citoyen Bulliand, capitaine des carabiniers, officier qu'il regrette beaucoup. Ce général m'a envoyé une demande d'avancement pour plusieurs officiers qui se sont signalés à Benoùthah; je vous l'enverrai pour que vous veuilliez bien y donner votre approbation. Il ne peut peindre la bravoure de ses troupes; officiers, sous-officiers, et soldats, tous ont bravé les plus grands dangers.

Depuis mon départ de Qoùss, je n'avois point reçu de nouvelles du général Beillard; les Arabes d'Yamb'o avoient intercepté toutes les lettres; le bruit couroit à Syoùth que nos barques avoient été prises, que le général Beillard avoit complètement battu les ennemis à Benoùthah. J'étois fort inquiet. Enfin, après les combats de Coptos et de Benoùthah, je reçus de ses lettres. Il me mandoit, entre autres, que les chasseurs n'avoient plus que vingt-cinq cartouches chacun; qu'ils n'avoient plus un seul boulet à tirer, et seulement une douzaine de coups de canon à mitraille; qu'il me prioit de l'approvisionner le plus promptement possible, vu que les Mamloùks de Hhaçan et de O'tsmân-Hhaçan, et les Arabes d'Yamb'o, venoient de redescendre à Byr-âl-barr. Je rassemblai tout de suite tout ce que je pus de munitions de guerre; je les chargeai sur des barques de transport: je passai le Nil le 28 ventose; et le lendemain je me mis en marche accompagnant ce convoi.

Ici le genre de guerre change. Nous avions battu par-tout les ennemis, mais ils n'étoient point détruits, et je voulois atteindre à ce but.

Pour ce faire, j'adoptai les dispositions de colonnes successives, de maniere à forcer les ennemis à rester dans les déserts, ou au moins à faire de très grandes marches pour arriver dans le pays cultivé. Le 10 germinal j'arrivai à Qénéh : je ravitaillai les troupes du général Beillard, et, le 11, nous nous mîmes en marche pour aller combattre les ennemis, qui, depuis deux jours, étoient postés à Qoùss.

A notre approche ils rentrerent dans les déserts, et se séparerent: Hhaçan bey et O'tsmân bey furent à la Kuita, et le chéryf descendit vers Aboùma'anâh, où étoit déja O'tsmân bey Cherqâoùy; mais six à sept cents habitants d'Yamb'o et de Djeddah l'abandonnerent, et retournerent à Qosséyr. Alors j'envoyai le général Beillard, avec la vingt-unieme, et le vingtieme de dragons, au village d'Adjâzy, principal débouché de la Kuita; et, avec les deux bataillons de la soixante-unieme, le septieme de hussards, et le dix-huitieme de dragons, je vins à Byr-âl-barr, autre débouché de la Kuita, et où il y a une bonne citerne. Par ce moyen les ennemis ne pouvoient sortir des déserts sans faire quatre jours de marche extrêmement pénible. J'ordonnai au général Beillard de rassembler des chameaux pour porter de l'eau, et de marcher à la Kuita, laissant un fort détachement à Adjâzy. Hhaçan et O'tsmân eurent avis de ces préparatifs, et partirent. Le

12, à onze heures du soir, ils arriverent à ma hauteur dans les déserts. Un de leurs domestiques, déserteur, m'en prévint, et ajouta que leur intention étoit de rejoindre les Arabes d'Yamb'o. Je donnai de suite avis de ce mouvement au général Beillard, et lui ordonnai d'envoyer un détachement de sa brigade me relever à Byr âl-barr, pendant qu'à travers les déserts je me rendrois à Qénéh, où cependant j'avois laissé trois cents hommes.

Combat de Byr âl-barr.

Le 13, avant la pointe du jour, je me mis en marche, ma cavalerie dans le désert, et à vue de mon infanterie qui le longeoit avec mon artillerie.

Après une heure de marche environ, un des hussards qui étoient en éclaireurs annonça les Mamloùks. L'adjudant-général Rabasse, qui commandoit l'avant-garde, prévient le général Davoust, et s'avance pour mieux reconnoître l'ennemi et soutenir ses éclaireurs qui déja étoient chargés. Bientôt il l'est lui-même ; il soutient le choc avec une bravoure et une intelligence admirables, mais le nombre l'accable ; et, quoique culbuté avec son cheval, il se retire sans perte sur le corps de bataille où je venois d'arriver. De suite j'envoyai chercher mon infanterie, et j'ordonnai à la cavalerie de prendre position sur un monticule extrêmement escarpé, où je voulois qu'elle attendît et reçût la charge. Malgré les soins du général Davoust et les miens, nous ne pûmes jamais parvenir à l'y placer. Une grande valeur animoit le chef de brigade Duplessis. Il desiroit depuis long-temps trouver l'occasion de se signaler; il ne peut voir arriver de sang-froid les ennemis, et son courage impatient lui fait oublier l'exécution de mes ordres. Il se porte à quinze pas en avant de son régiment, et fait sonner la charge; il se précipite au milieu des ennemis, et y fait des traits de la plus grande valeur : mais il a son cheval tué, et l'est bientôt lui-même d'un coup de tromblon. Sa mort jette un peu de désordre, et le général Davoust est forcé de faire avancer la ligne des dragons. Ces braves soldats, commandés par le chef d'escadron Bouvaquier, chargent si impétueusement les Mamloùks, qu'ils sont obligés de se retirer en désordre, nous abandonnant le champ de bataille.

L'infanterie et l'artillerie marchent difficilement dans le sable, et elles arriverent que tout étoit fini. Cette affaire nous a coûté plusieurs officiers, entre autres le chef d'escadron Bouvaquier, qui, avant de mourir, s'est couvert de gloire. Nous avons eu plusieurs tués et quelques blessés; les Mamloùks ont eu plus de vingt morts et beaucoup de blessés, dont O'tsmân Hhaçan.

Après ce combat, les Mamloùks firent un crochet, et retournerent promptement à la Kuita, laissant plusieurs blessés et des chevaux dans les déserts. J'écrivis au général Beillard de les y chercher s'ils y restoient, et de les suivre par-tout s'ils en sortoient. Le même jour, je revins à Qénéh. Je formai une colonne mobile, composée d'un bataillon de la soixante-unieme, de trois bouches à feu, et du septieme de hussards, que je mis à la disposition du général Davoust, auquel je donnai l'ordre de détruire jusqu'au dernier des Arabes d'Yamb'o que l'on m'annonçoit être toujours dans les environs d'Aboùma'anâh; en même temps, le commandant de Djirdjéh avoit ordre de se porter au rocher de la rive droite qui fait face à cette ville, pour les combattre et les arrêter dans le cas de retraite; ils étoient forcés d'y passer.

Les Arabes d'Yamb'o sentirent que le moment étoit difficile; ils se déciderent à ne pas attendre le général Davoust, et passerent le Nil au-dessus de Bardys.

Le commandant de Djirdjéh en eut avis; il fut les reconnoître: il revint à Djirdjéh, prit deux cents cinquante hommes de sa garnison, et fut à leur rencontre.

Combats de Bardys et de Djirdjéh.

Le 16, après midi, le chef de brigade Morand

arrive à la vue de Bardys; de suite les Arabes d'Yamb'o, beaucoup de paysans, des Mamloùks et des Arabes, sortent du village, en poussant de grands cris. Le citoyen Morand leur fait faire une vive décharge de mousqueterie : ils répondent et se retirent cependant un peu. Le nombre des ennemis étoit considérable ; la position de Morand étoit bonne : il avoit peu de troupes ; il crut devoir y rester. Une demi-heure après, il fut attaqué de nouveau, et reçut les ennemis comme la premiere fois ; ils laisserent beaucoup des leurs morts sur la place, et s'enfuirent à la faveur de la nuit qui arrivoit : Morand en profita aussi pour revenir à Djirdjéh couvrir ses établissements.

Le lendemain vit un nouveau combat. Les Arabes d'Yamb'o marcherent sur Djirdjéh, où ils parvinrent à pénétrer. Pendant qu'ils cherchoient à piller le bâzâr, Morand forme deux colonnes qu'il dirige, une dans la ville, et l'autre en dehors ; cette disposition réussit à souhait : tout ce qui étoit entré dans la ville fut tué, le reste s'enfuit vers les déserts. Dans ces deux jours, les Arabes d'Yamb'o ont perdu deux cents morts : le citoyen Morand a eu quelques blessés.

Le chef de bataillon Ravier l'a très bien secondé dans cette affaire, où il a donné des preuves de beaucoup de zele et d'intelligence.

Le général Davoust, qui avoit su la défaite des Arabes d'Yamb'o, passa le Nil ; mais il ne put arriver à Djirdjéh qu'après le combat, et lorsque la nouvelle d'une derniere défaite des Arabes d'Yamb'o y parvenoit. Voici ce qui y donna lieu.

Dès le 14 germinal, le commandant Pinon, que j'avois laissé à Syoùth pour gouverner la province, avoit écrit à Lassalle de venir à Syoùth pendant qu'il iroit donner la chasse à des Arabes qui inquiétoient les environs de Mélâoùy. Lasalle, qui étoit resté à Tahhtah avec son régiment, s'y rend. Pinon revient le 19, et le même jour il a avis que les Arabes d'Yamb'o, après avoir été battus à Djirdjéh, étoient venus dévaster Tahhtah, et que leur chef cherche encore à soulever le pays.

Combat de Théméh.

Le 20, Lassalle part pour aller les attaquer, ayant sous ses ordres un bataillon de la quatre-vingt-huitieme, le vingt-deuxieme de chasseurs, et une piece de canon.

Le 21, à une heure après midi, Lassalle arrive près de Théméh, village extrêmement grand, où étoient les Arabes d'Yamb'o. Il fait de suite cerner le village par des divisions de son régiment, et marche droit à l'ennemi avec l'infanterie. Les Arabes d'Yamb'o font une décharge de mousqueterie, et se jettent dans un enclos à doubles murailles qu'ils venoient de creneler. Malgré le feu du canon et notre fusillade, ils résisterent plusieurs heures; enfin ils furent enfoncés. Ceux qui ne furent pas tués sur-le-champ s'enfuirent; mais une grande partie fut taillée en pieces par le vingt-deuxieme : une centaine ou deux gagnerent cependant les déserts à la faveur des arbres et des jardins. Lasalle me mande qu'il a tué trois cents Arabes d'Yamb'o, dont s'est trouvé le chéryf successeur de Hhaçan.

Ainsi que je vous l'ai mandé, après l'affaire de Byr âl-barr je vins à Qénéh. Je m'y occupai de notre expédition de Qosséyr; je caressai les marchands de ce port et de Djeddah, qui vinrent me demander paix et protection. Je fis la paix avec les cheykhs de Qosséyr, et avec un cheykh du pays de l'Yamb'o, qui remplit les fonctions de consul pour son pays à Qosséyr. Enfin, d'après vos ordres, je donnai les miens au général Beillard, relativement à la construction d'un fort à Qénéh, et à la prompte expédition sur Qosséyr.

Je donnai aussi à ce général le commandement de la province de Thebes, dont je venois d'organiser l'administration, et je me rendis à Djirdjéh, où je conférai provisoirement le commandement de la place au citoyen Morand : j'arrivai à Syoùth le 26 floréal.

Cependant le général Davoust n'avoit pas cessé de suivre les Arabes d'Yamb'o; mais, après l'affaire de Lasalle, ils parurent détruits, et ce général vint à Syoùth. Il y étoit depuis plusieurs jours, et ne pouvoit savoir ce qu'étoit devenu le peu qui avoit échappé au vingt-deuxieme, lorsque tout-à-coup on le prévient qu'il se forme à Bényhâdy, grand et superbe village, et dont les habitants passent pour les plus braves de l'Egypte, un rassemblement de Mamloùks, d'Arabes, et de Dâfoùryens, kâravânystes, venus de l'intérieur de l'Afrique; que Mourâd bey doit venir des oasis se mettre à la tête de cette troupe.

Le général Davoust n'hésita pas un instant de marcher contre ce village. En conséquence, il renforce sa colonne d'un bataillon de la quatre-vingt-huitieme, et du quinzieme de dragons; il remplace provisoirement Pinon dans le commandement de la province de Syoùth par le chef de brigade Silly, à qui je l'ai conservé depuis.

Combat de Bényhâdy.

Le 29, le général Davoust arrive près de Bényhâdy, qui est plein de troupes; le flanc du village vers le désert est couvert par une grande quantité de cavalerie, Mamloùks, Arabes, et paysans. Ce général forme son infanterie en deux colonnes; l'une doit enlever le village, pendant que l'autre le tournera : cette derniere étoit précédée par sa cavalerie, sous les ordres de Pinon, chef de brigade, distingué par ses talents; mais en passant près d'une maison, ce malheureux officier reçoit un coup de fusil et tombe mort. Cet évènement étonne ; le général Davoust y remédie, et donne ce commandement à l'adjudant-général Rabasse. La cavalerie apperçoit les Mamloùks dans les déserts : une des colonnes d'infanterie s'y porte ; mais l'avant-garde de Mourâd bey, que l'affreuse misere faisoit sortir des oasis, lui porte promptement le conseil de retourner. Les Arabes et les paysans à cheval avoient déja lâché pied. L'infanterie et la cavalerie reviennent ; le village est aussitôt investi : l'infanterie y entre ; et, malgré le feu qui sort de toutes les maisons, nos troupes s'en rendent entièrement maîtres. Deux mille Arabes d'Yamb'o, Moghrebyns, Dârfoùryens, Mamloùks démontés, et habitants de Bényhâdy, tombent morts sous les coups de nos soldats, qui ont déployé leur valeur ordinaire. En un instant, ce beau village est réduit en cendres, et n'offre que des ruines. Nos troupes y ont fait un butin immense : elles y ont trouvé des caisses pleines d'or.

Nous n'avons perdu presque personne dans cette affaire.

Pendant que le général Davoust expédioit ainsi Bényhâdy, les Arabes de Djéama et d'êl-Baqoùdjy menaçoient Minyet ; grand nombre des villages de Minyet s'insurgeoient, et les débris du rassemblement de Bényhâdy y couroient. Le chef de brigade Destrée, qui avoit peu de troupes, desiroit qu'un secours vînt changer sa position. Le général Davoust y marcha; mais il arriva trop tard : Destrée avoit fait un vigoureux effort, et les ennemis avoient été forcés de se retirer. On disoit les Arabes d'Yamb'o marchant sur Bényçoùef, dont les environs se révoltoient aussi; le général Davoust y courut.

Combat d'Aboù-Djirdjéh.

Dans la province de Benyçoùef, connue dans toute l'Egypte supérieure, il est reçu chez les habitants que lorsqu'il descend des troupes c'est que les autres ont été détruites; en conséquence, on court aux armes, et, si l'on est en force, on vous attaque : sinon, on se disperse à vos trousses, et l'on vous vole tout ce que l'on peut trouver, ou encore on vous refuse des vivres, et il faut sévir contre les cheykhs pour obtenir ce dont la troupe a besoin.

Le général Davoust se trouva dans le dernier de ces cas. Arrivé près du village d'Aboù-Djirdjéh, son qobthe se porte en avant pour faire préparer des vivres : le cheykh répond qu'il n'y a point de vivres chez lui pour les Français; qu'ils sont tous détruits en haut, et que, si lui ne se dépêche de se retirer, il le fera bâtonner d'importance. Le qobthe veut lui représenter ses torts; on le renverse de son cheval, et le cheykh s'en empare. Le qobthe, fort heureux de se sauver, vient rendre compte de sa réception au général Davoust, qui, après avoir fait sommer le village de rentrer dans l'obéissance, et avoir porté des paroles de paix, le fait cerner et mettre tout à feu et à sang; mille habitants sont morts dans cette affaire. Le général Davoust continue sa route sur Bényçoùef; mais les ennemis, dont le nombre ne peut guere inquiéter, avoient passé le fleuve : le général Davoust se disposoit à les y poursuivre, lorsqu'il reçut du général Dugua l'ordre de se rendre au Caire.

Lorsque les beys Hhaçan Djéddâoùy et O'tsmân Hhaçan partirent de la Kuita pour remonter vers Syene, le général Beillard les suivit extrêmement près, et les força de se jeter au-dessus des Cataractes; après quoi, il laissa à Esnê le brave chef de brigade Eppler, avec une garnison de cinq cents hommes, qui devoit contenir le pays, y lever les contributions, et sur-tout veiller à ce que les Mamloùks ne redescendissent pas, et il revint à Qénéh s'occuper sans relâche de la construction du fort, mais plus encore de l'expédition de Qosséyr.

Vers le 20 floréal, Eppler eut avis que les Mamloùks étoient revenus à Syene, où ils vivoient fort tranquillement, et se refaisoient de leurs fatigues et de leurs pertes. Cet excellent officier jugea qu'il étoit important de leur enlever cette derniere ressource : en conséquence il donna ordre au capitaine Renaud, qu'il avoit envoyé quelques jours auparâvant à Edfoù avec deux cents hommes, de marcher sur Syene, et de chasser les Mamloùks au-dessus des Cataractes.

Combat de Syene.

Le 27, à deux heures après midi, arrivé à une demi-lieue de Syene, le capitaine Renaud est prévenu qu'il va être attaqué. A peine a-t-il fait quelques dispositions que les ennemis arrivent sur lui à bride abattue; mais, comme rien n'étonne nos soldats, ils furent attendus et reçus avec le plus grand sang-froid. La charge est fournie avec la derniere impétuosité, et quinze Mamloùks tombent morts au milieu des rangs; Hhaçan bey Djéddâoùy est blessé d'un coup de baïonnette, et a son cheval tué : O'tsmân bey Hhaçan reçoit deux coups de feu; dix Mamloùks expirent à une portée de canon du champ de bataille; vingt-cinq autres sont trouvés morts de leurs blessures à Syene.

Ce combat, l'exemple du désespoir d'une part, et du plus grand courage de l'autre, a coûté cinquante morts et plus de soixante blessés aux ennemis qui, pour la troisieme fois, ont été rejetés au-dessus des Cataractes, où la misere et tous les maux vont les accabler.

Nous avons eu quatre hommes tués et quinze blessés.

Je ne fus pas plutôt à Syoùth, que je fis chercher par-tout des chameaux, et confectionner des outres, afin d'être à même d'aller trouver Mourâd bey à El-oùâhh. Je voulois faire marcher de front cette expédition avec celle de Qosséyr; mais l'apparution des Anglais dans ce port me fit tourner toutes mes vues vers cette derniere. Le général Beillard m'écrivit qu'il avoit un fort grand mal d'yeux; je lui envoyai le citoyen Donzelot, mon adjudant-général, pour le seconder ou pour le remplacer dans l'expédition de Qosséyr, dans le cas où son ophtalmie augmenteroit. Tous deux ont été extrèmement nécessaires pour les préparatifs et l'exécution de la marche sur Qosséyr; ils sont partis de Qénéh, le 7 prairial, avec cinq cents hommes de la vingt-unieme.

Prise de Qosséyr.

Le 10, le général Beillard a pris possession de ce port, où l'on a trouvé un fort qui, moyennant quelques réparations, deviendra très bon. Je vous en enverrai le croquis, ainsi que du port et de la route de Qénéh à Qosséyr. L'occupation de ce point important sous tous les rapports a mis le comble à mes vœux; cependant l'expédition dès oasis (El-oùâhh) nous reste à faire. Je rassemble toutes mes ressources; j'en charge le général Friant, officier plein de mérite, de zele, et doué de beaucoup de talents militaires, et j'espere vous annoncer dans peu que Mourâd bey n'est plus, ou qu'il est en Barbarie.

Vous voyez par nos différents combats ce qu'ont fait les généraux Davoust et Beillard; leurs talents distingués et leur infatigable activité les rendent à jamais recommandables.

Je vous ai parlé des chefs des corps en particulier : tous en général ont rempli leurs fonctions d'une maniere distinguée, et méritent vos éloges. Les officiers subalternes ont montré un dévouement, une constance, et un courage rares.

Vous connoissez les maux que nous avons endurés pendant cette pénible campagne; je ne vous répéterai pas la bravoure et le courage de nos intrépides soldats : vous les connoissez et savez les apprécier.

Il me reste à vous prier d'être favorable au frere du très courageux et trop malheureux Morandi, qui commandoit la djerme l'*Italie*, lors de sa destruction. Ni l'un ni l'autre n'étoient compris dans le cadre de la marine militaire; voudriez-vous bien accorder à celui qui reste les demandes qu'il sera dans le cas de vous présenter?

Le citoyen Rousseau, maréchal-des-logis dans la cinquieme compagnie du troisieme régiment d'artillerie à cheval, qui pointoit presque toutes les pieces à la bataille de Sédymân et de Ssâmhhoùd, s'est particulièrement distingué dans le cours de cette campagne : je vous demande pour lui des grenades en or; je vous ferai la même demande pour le citoyen Lainault, caporal des grenadiers du premier bataillon de la soixante-unieme demi-brigade, qui s'est singulièrement signalé dans toutes les affaires, et sur-tout au combat de Qénéh.

Le général de division DESAIX.

Au quartier-général du Caire, le 27 thermidor an 7 de la république.

BONAPARTE, général en chef,
Au général Desaix.

JE vous envoie, citoyen général, un sabre d'un très beau travail, sur lequel j'ai fait graver, *Conquête de la haute Egypte.* Il est dû à vos bonnes dispositions, et à votre constance dans les fatigues. Recevez-le, je vous prie, comme preuve de mon estime et de la bonne amitié que je vous ai vouée.

Signé BONAPARTE.

Indépendamment de ce sabre, le général Bonaparte avoit déja témoigné sa satisfaction au général Desaix, en lui faisant présent d'un poignard d'un très beau travail, et enrichi de diamants, sur lequel étoit gravé, *Prise de Malte. Bataille de Chebr-khéis. Bataille des Pyramides.*

FIN DU PREMIER LIVRE.

LIVRE SECOND.

PROCLAMATION.

Alexandrie, le 13 messidor an 6.

Depuis trop long-temps les beys qui gouvernent l'Egypte insultent à la nation française, et couvrent ses négocians d'avanies : l'heure de leur châtiment est arrivée.

Depuis trop long-temps ce ramassis d'esclaves achetés dans le Caucase et la Géorgie tyrannise la plus belle partie du monde ; mais Dieu, de qui dépend tout, a ordonné que leur empire finît.

Peuples de l'Egypte, on vous dira que je viens pour détruire votre religion ; ne le croyez pas : répondez que je viens vous restituer vos droits, punir les usurpateurs, et que je respecte, plus que les Mamloùks, Dieu, son prophete, et le Qorân.

Dites-leur que tous les hommes sont égaux devant Dieu : la sagesse, les talents, et les vertus mettent seuls de la différence entre eux.

Or, quelle sagesse, quels talents, quelles vertus, distinguent les Mamloùks, pour qu'ils aient exclusivement tout ce qui rend la vie aimable et douce ?

Y a-t-il une belle terre ? elle appartient aux

Mamloùks. Y a-t-il une belle esclave, un beau cheval, une belle maison? cela appartient aux Mamloùks.

Si l'Egypte est leur ferme, qu'ils montrent le bail que Dieu leur en a fait. Mais Dieu est juste et miséricordieux pour le peuple; tous les Egyptiens sont appelés à gérer toutes les places : que les plus sages, les plus instruits, les plus vertueux, gouvernent, et le peuple sera heureux.

Il y avoit jadis parmi vous de grandes villes, de grands canaux, un grand commerce : qui a tout détruit, si ce n'est l'avarice, les injustices, et la tyrannie des Mamloùks?

Qâdhys, cheykhs, Imâms, tchorbâdjys, dites au peuple que nous sommes aussi de vrais Musulmâns. N'est-ce pas nous qui avons détruit le pape, qui disoit qu'il falloit faire la guerre aux Musulmâns? N'est-ce pas nous qui avons détruit les chevaliers de Malte, parceque ces insensés croyoient que Dieu vouloit qu'ils fissent la guerre aux Musulmâns? N'est-ce pas nous qui avons été dans tous les temps les amis du grand-seigneur (que Dieu accomplisse ses desseins), et l'ennemi de ses ennemis? Les Mamloùks au contraire ne sont-ils pas toujours révoltés contre l'autorité du grand-seigneur, qu'ils méconnoissent encore? Ils ne font que leurs caprices.

Trois fois heureux ceux qui seront avec nous! Ils prospèreront dans leur fortune et leur rang.

Heureux ceux qui seront neutres! Ils auront le temps de nous connoître, et ils se rangeront avec nous.

Mais malheur, trois fois malheur, à ceux qui s'armeront pour les Mamloùks, et combattront contre nous : ils n'y aura pas d'espérance pour eux; ils périront.

Article premier.

Tous les villages, situés dans un rayon de trois lieues des endroits où passera l'armée, enverront une députation au général commandant les troupes, pour le prévenir qu'ils sont dans l'obéissance, et qu'ils ont arboré le drapeau de l'armée (blanc, bleu, et rouge).

II.

Tous les villages qui prendroient les armes contre l'armée seront brûlés.

III.

Tous les villages qui se seront soumis à l'armée mettront, avec le pavillon du grand-seigneur notre ami, celui de l'armée.

IV.

Les cheykhs feront mettre les scellés sur les biens, maisons, propriétés, qui appartiennent aux Mamloùks, et auront soin que rien ne soit détourné.

V.

Les cheykhs, les qâdhys, et les Imâms, conserveront les fonctions de leurs places; chaque habitant restera chez lui, et les prieres continueront comme à l'ordinaire. Chacun remerciera Dieu de la destruction des Mamloùks, et criera : Gloire au sulthân, gloire à l'armée française, son amie! malédiction aux Mamloùks, et bonheur au peuple d'Egypte!

PROCLAMATION.

Djyzah, le 4 thermidor, an 6.

Peuple du Caire, je suis content de votre conduite. Vous avez bien fait de ne pas prendre parti contre moi. Je suis venu pour détruire la race des Mamloùks, protéger le commerce et les naturels du pays. Que tous ceux qui ont peur se tranquillisent ; que ceux qui se sont éloignés rentrent dans leurs maisons ; que la priere ait lieu aujourd'hui comme à l'ordinaire, comme je veux qu'elle continue toujours. Ne craignez rien pour vos familles, vos maisons, vos propriétés, et surtout pour la religion du prophete, que j'aime.

Comme il est urgent que la tranquillité ne soit pas troublée, il y aura un dyvân de sept personnes, qui se réuniront à la mosquée de...... Il y en aura toujours deux près du commandant de la place, et quatre seront occupés à maintenir la tranquillité publique, et veiller à la police.

Au quartier-général du Caire, le premier vendémiaire, an 7 de la république française une et indivisible.

BONAPARTE,
GÉNÉRAL EN CHEF.

Soldats,

Nous célébrons le premier jour de l'an 7 de la république.

Il y a cinq ans, l'indépendance du peuple français étoit menacée : mais vous prîtes Toulon ; ce fut le présage de la ruine de nos ennemis.

Un an après, vous battiez les Autrichiens à Dégo.

L'année suivante, vous étiez sur le sommet des Alpes.

Vous luttiez contre Mantoue il y a deux ans, et vous remportiez la célèbre victoire de Saint-George.

L'an passé, vous étiez aux sources de la Drave et de l'Isonso, de retour de l'Allemagne.

Qui eût dit alors que vous seriez aujourd'hui sur les bords du Nil, au centre de l'ancien continent ?

Depuis l'Anglais célèbre dans les arts et le commerce jusqu'au hideux et féroce Bédoùyn, vous fixez les regards du monde.

Soldats, votre destinée est belle, parceque vous êtes dignes de ce que vous avez fait et de l'opinion que l'on a de vous. Vous mourrez avec honneur comme les braves dont les noms sont inscrits sur cette pyramide, ou vous retournerez dans votre patrie couverts de lauriers et de l'admiration dé tous les peuples.

Depuis cinq mois que nous sommes éloignés de l'Europe, nous avons été l'objet perpétuel des sollicitudes de nos compatriotes. Dans ce jour, quarante millions de citoyens célebrent l'ere des gouvernements représentatifs; quarante millions de citoyens pensent à vous. Tous disent: C'est à leurs travaux, à leur sang, que nous devrons la paix générale, le repos, la prospérité du commerce, et les bienfaits de la liberté civile.

Signé BONAPARTE.

Pour copie conforme,

Le général de division chef de l'état-major-général de l'armée,

Alex. BERTHIER.

DISPOSITION

Pour la fête du premier vendémiaire, anniversaire de l'an 7 de la république française, en exécution de l'ordre du général en chef en date du 11 fructidor.

Le cinquieme jour complémentaire, au soleil couchant, il sera tiré trois salves d'artillerie pour annoncer la fête du premier vendémiaire, septieme anniversaire de la fondation de la république française.

Il sera préparé, sur la place d'Yoùzbekyéh, un cirque de deux cents toises de diametre, décoré d'autant de colonnes qu'il y a de départements dans la république française, au milieu duquel s'élevera une pyramide à sept faces, où seront inscrits les noms des braves morts en délivrant l'Egypte du despotisme des Mamloùks, conformément à l'ordre du jour du 11 fructidor.

Le premier vendémiaire an septieme, au lever du soleil, il sera fait trois salves de toute l'artillerie de la citadelle; les salves seront répétées par toute l'artillerie des divisions, par celle du parc et de la marine.

Aussitôt après les salves d'artillerie la générale battra dans toute la ville, les troupes prendront les armes, en grande tenue, et se rendront sur la place d'Yoùzbekyéh, où, dès qu'elles seront arrivées, les généraux de division et leurs états-majors viendront chez le général en chef.

A la générale, toutes les autorités du gouvernement, et les administrations, tant françaises que turkes, se rendront, en grande parade, chez le général en chef.

A sept heures, le général en chef partira de chez lui, avec les escadrons, les compagnies à pied, et la musique des guides de l'armée, l'état-major-général, les généraux de division, leurs états-majors, le commissaire-ordonnateur en chef, et commissaires des guerres, les autorités du gouvernement, et administrations, les savants et artistes, pour se rendre dans le cirque.

Aussitôt l'entrée du général en chef, la musique, qui sera sur la plate-forme de l'obélisque, exécutera des marches guerrieres; l'artillerie des divisions, placée aux angles de la place, tirera trois salves, qui seront répétées par l'artillerie de la citadelle.

Les autorités de gouvernement et d'administration seront placées sur la plate-forme au pied de l'obélisque.

Les troupes exécuteront des manœuvres par demi-brigades. Le général en chef ordonnera les manœuvres générales qu'il voudra; il fera exécuter les feux à poudre.

Les troupes se rangeront ensuite autour de la pyramide à sept faces, où l'on chantera des hymnes et chansons patriotiques à la gloire des braves morts en attaquant les Mamloûks de l'Egypte, à la prospérité de la république française et des républiques amies.

Chaque général de division attachera sur une des faces de l'obélisque la liste des braves de la division qu'il commande morts en délivrant l'Egypte du despotisme des Mamloûks.

A huit heures, il partira une députation de l'état-major et une de chaque corps pour se rendre aux pyramides, y placer l'étendard national français sur la plus élevée des pyramides; les autorités de gouvernement, les administrations, les savants, y joindront également une députation.

Les troupes rentreront dans leurs quartiers : il sera laissé sur la place d'Yoùzbékyéh des piquets de tous les corps.

Aussitôt que la députation sera de retour des pyramides, trois salves d'artillerie l'annonceront : on se réunira sur la place d'Yoùzbékyéh.

A quatre heures, il y aura course de chevaux et course à pied.

Une commission sera nommée pour présider à ces courses.

Il y aura deux prix pour chaque course, qui seront distribués par le général en chef.

A la nuit, l'obélisque sera illuminé, ainsi que les colonnes entourant le cirque, et représentant les départements de la France; elles porteront chacune un pot-à-feu. La musique jouera des airs patriotiques et des airs de danse.

A huit heures du soir, il sera tiré un feu d'artifice devant l'obélisque.

A dix heures, une salve d'artillerie du château annoncera la retraite.

Il sera nommé une commission pour tous les détails de la fête; elle sera composée du commissaire-ordonnateur en chef, chez lequel on s'assemblera le 18 à huit heures du matin, du chef de l'état-major, du général Dufalga, du général Andréossy, du citoyen Tallien.

La commission pour les courses sera composée du chef de brigade Junot, de l'adjudant-général Cambyse, du commissaire des guerres Colbert, des citoyens Magallon, et d'Emyr Mussthafâ de Berembaleh. Elle se réunira, pour la premiere fois, le 18, chez l'ordonnateur en chef.

Le commandant de la place est chargé des ordres de détail.

Les généraux de division recevront l'ordre de l'état-major-général.

TRADUCTION d'une proclamation adressée, par les gens de loi de la ville du Caire, aux habitants des provinces.

Nous supplions le Tout-puissant de vous préserver de la sédition et du désordre caché ou public, et de nous éloigner de ceux qui cherchent à faire le mal sur la terre.

Savoir faisons aux habitants des provinces qu'il est arrivé quelque désordre dans la ville du Caire de la part de la vile populace et des méchants qui se sont mêlés avec elle. Ils ont mis la désunion entre les troupes françaises et les sujets, et cela a occasionné la mort de beaucoup de musulmâns et le pillage de quelques maisons. Mais la main bienfaisante et invisible de Dieu est venue bientôt appaiser la sédition, et, par notre intercession auprès du général en chef Bonaparte, les malheurs qui devoient suivre la révolte ont été arrêtés; il a empêché les troupes de brûler la ville et de la piller, car il est plein de sagesse, bienfaisant et miséricordieux envers les Musulmâns, il est le protecteur particulier des pauvres, et sans lui tous les habitants du Caire n'existeroient plus.

Gardez-vous bien donc d'exciter le désordre, afin que vous jouissiez dans vos foyers de la tranquillité et de la sécurité. N'écoutez point les conseils des méchants et les propos des séditieux; ne soyez point du nombre de ces insensés malheureux qui ne savent point prévoir les conséquences : rappelez-vous que Dieu donne l'empire à qui il veut, et ordonne ce qu'il lui plaît. Tous ceux qui ont été les auteurs du désordre ont péri, et cette terre en a été heureusement délivrée.

Nous vous conjurons donc de prendre garde de vous jeter dans le précipice. Occupez-vous des moyens de gagner votre vie, et des devoirs qui vous sont imposés par votre religion. Cette sainte religion nous oblige à vous donner ces conseils. Salut.

Au Caire, le 14 de la lune de Djemâdy êl-êwel, 1113 de l'hégire, répondant au 2 brumaire, l'an 7.

Noms des cheykhs.

El Seyd Khalyl-êl-Bekry; Naqyb-êl-Echrâf; A'bdoûllah-Cherqâoùy, *cheykh de la mosquée nommée* Djam'i êl-âzhâr, et *président du dyván du Caire;* Mussthafâ Ssâoùy; Mohhammed-êl-Mehdy; Soléymânêl-Fayoùmy; Seyd Mussthafâ Damenhoùry; Mouçâ-êl-Sirssy; Mohhammed-êl-Emyr; Ahhmed-êl-A'rychy; Ibrâhym-êl-Djounéiny; cheykh Aboù-êl-Hhakym, Cheykh-êl-Sâdât.

PROCLAMATION des cheykhs de la ville du Caire au peuple d'Égypte.

Ô vous, Musulmâns, habitants des villes et des places frontieres; ô vous, habitants des villages, Fellâhhs et Arabes, sachez qu'Ibrâhym bey et Mourâd bey ont répandu dans toute l'Égypte des écrits tendants à exciter le peuple à la révolte, et ils ont fait entendre frauduleusement et malignement que ces écrits viennent de sa majesté impériale et de quelques uns de ses vézyrs.

Si vous cherchez la raison de ces mensonges politiques, vous la trouverez dans leur dépit et leur rage contre les eu'lémâs et les sujets qui n'ont pas voulu les suivre, et qui n'ont pas abandonné leur patrie et leurs familles. Ils se sont proposé par-là de jeter des semences de méfiance et de désordre parmi le peuple et l'armée française, afin d'avoir la satisfaction de voir détruire le pays et tous les habitants, tant est profonde la douleur qu'ils ont de voir leur puissance détruite en Égypte. En effet, s'il étoit vrai que ces écrits vinssent de la part de sa majesté impériale, le sulthân des sulthâns, nous les aurions vu apporter authentiquement par ses âghâs.

Vous n'ignorez pas que les Français ont été de tout temps, parmi toutes les nations européennes, les seuls amis des Musulmâns et de l'islamisme, et les ennemis des idolâtres et de leur superstition. Ils sont les fidèles et zélés alliés de notre seigneur le sulthân, toujours prêts à lui donner des témoignages de leur affection et à venir à son secours. Ils aiment ceux qui l'aiment et sont les ennemis de ses ennemis, ce qui est la cause de la haine qui existe entre eux et les Russes qui méditent la prise de Constantinople, et emploient tous les moyens que la ruse et l'astuce peuvent lui fournir pour envahir le pays de l'islamisme. Mais l'attachement des Français pour la sublime porte et les puissants secours qu'ils lui donneront confondront leurs mauvais desseins. Les Russes desireroient de s'emparer de Sainte Sophie et des autres temples dédiés au culte du vrai Dieu pour en faire des églises consacrées aux exercices profanes de leur perverse croyance : mais, s'il plaît au ciel, les Français aideront notre seigneur le sulthân à se rendre maître de leur pays et à en exterminer la race.

Nous vous invitons, habitants de l'Égypte, à ne point vous livrer à des projets de désordre, de sédition, de révolte. Ne cherchez pas à nuire aux troupes françaises. Le résultat d'une conduite contraire à nos conseils attireroit sur vous les malheurs, la mort, et la destruction : n'écoutez pas les discours des méchants, et les insinuations perfides de ces gens turbulents et factieux qui ne se plaisent que dans les excès et dans les crimes.

Vous auriez trop lieu de vous en repentir.

N'oubliez pas aussi qu'il est de votre devoir de payer les droits et les impositions que vous devez au gouvernement et aux propriétaires des terres, afin que vous jouissiez, au milieu de votre famille et dans le sein de votre patrie, du repos et de la sécurité. Le général en chef Bonaparte nous a promis de ne jamais inquiéter personne dans l'exercice de l'islamisme et de ne rien faire de contraire à ses saintes lois. Il nous a également promis d'alléger les charges du peuple, de diminuer les impositions, et d'abolir les droits arbitraires que la tyrannie avoit inventés.

Cessez enfin de fonder vos espérances sur Ibrâhym et Mourâd, et mettez toute votre confiance en celui qui dispense à son gré les empires et qui a créé les humains. Le plus religieux des prophetes a dit: *La sédition est endormie, maudit soit celui qui la réveillera.*

AUX HABITANTS DU CAIRE.

Des hommes pervers avoient égaré une partie d'entre vous ; ils ont péri. Dieu m'a ordonné d'être clément et miséricordieux pour le peuple ; j'ai été clément et miséricordieux envers vous.

J'ai été fâché contre vous de votre révolte ; je vous ai privés pendant deux mois de votre dyvân ; mais aujourd'hui je vous le restitue : votre bonne conduite a effacé la tache de votre révolte.

Chéryfs, eu'lémâs, orateurs de mosquées, faites bien connoître au peuple que ceux qui, de gaîté de cœur, se déclareroient mes ennemis, n'auront de refuge ni dans ce monde ni dans l'autre. Y auroit-il un homme assez aveugle pour ne pas voir que le destin lui-même dirige toutes mes opérations ? y auroit-il quelqu'un assez incrédule pour révoquer en doute que tout, dans ce vaste univers, est soumis à l'empire du destin ?

Faites connoître au peuple que, depuis que le monde est monde, il étoit écrit qu'après avoir détruit les ennemis de l'islamisme, fait abattre les croix, je viendrois du fond de l'occident remplir la tâche qui m'a été imposée. Faites voir au peuple que, dans le saint livre du Qorân, dans plus de vingt passages, ce qui arrive a été prévu, et ce qui arrivera est également expliqué.

Que ceux donc que la crainte seule de nos armes empêche de nous maudire changent; car, en faisant au ciel des vœux contre nous, ils sollicitent leur condamnation; que les vrais croyants fassent des vœux pour la prospérité de nos armes.

Je pourrois demander compte à chacun de vous des sentiments les plus secrets du cœur; car je sais tout, même ce que vous n'avez dit à personne : mais un jour viendra que tout le monde verra avec évidence que je suis conduit par des ordres supérieurs, et que tous les efforts humains ne peuvent rien contre moi : heureux ceux qui, de bonne foi, sont les premiers à se mettre avec moi!

Article premier.

Il y aura au Caire un grand dyvân composé de soixante personnes ci-après nommées :

El-bekry.
Mohhamed Demyrdâchy.
El-séyd Hhucéïn Rufa'y.
A'bdoûllah êl-cherqâoùy.
Mohhammed êl-mehdy.
Mussthafâ Ssâoùy.
Mouçâ Sirsy.
Mohhammed êl-êmyr.
Soléïmân êl-fayoùmy.
Ahhmed êl-A'rychy.
Ibrâhym êl-Hharitsy-îbn-êl mufty.
Cheykh Ssâlehh de la secte des Hhanbélytes.
Mohhammed-êl-Devâkhly.

Mussthafâ-êl-Damenhoùry.
Mahhmoud âghâ tchorbâdjy fellâhh.
A'ly Kiâyâ êl-Medjedely.
Khalyl âghâ tchorbâdjy fellâh.
Ahhmed Dsûl-fékâr ôdâ-bâchy.
Yoùçouf tchorbâdjy bâch-tchâoùch tufenkdjân.
Yoùçouf tchorbâdjy bâch-tchâoùch Djemellyân.
Mussthafâ êfendy.
Emyr-Selym cherqaby.
Mussthafâ êfendy â'ssy.
Mussthafâ-Kiâyâ bâch-îkhtyâr.
Hhaçan tchorbâdjy berkiâvy.
Mohhammed êl-Ucheuby, cheýkh de la Qouryéh.
Hhâdjy Ahhmed Aboù-Nassar, Moghrébyn.
Hhâdjy Ssa'yd, cheykh des Mogrébyns de Tailoùn.
Ahhmed Mahhrram.
Ahhmed Mahhroùky.
Hhâdjy Hhuçéïn qârah Ibrâhym.
Mikhâël Kéhhyl.
Ibrâhym êfendy, Qâdhy êl-bahhar.
Yoùçouf Ferhâd.
Hâdjy Ahhmed Hhuçéïn.
Sydy Ahhmed êl-A'kkahy êl-Mahhroùqy.
Mussthafâ cheykh-êl-A'kkahyn.
Ahhmed êl-Kazandjy.
Seyd Mohhammed, cheykh êl-A'tharyn.
A'bd-oûl-qadyr Baghdâdy.
Ibrâhym Qârmoùt.

Mohhammed Yegnetchery.
Séyd Mussthafâ Moussbaa.
El Hhâdjy Hhuçéïn.
Hhâdjy Selym Elgeoudhirgi.
Mohhammed êl Baghdâdy.
A'ly îbn êl-Hhâdjy Khalyl.
Hhâdjy Ibrâhym êl-Messiry.
A'ly Ssalahhdjy cheykh-êl-Qamadjy.
Sèyd Ahhmed Zaroù.
Séyd Yoùçouf fakhr êd-dyn.
Ahhmed Nidtâm.
Le cheykh des bouchers d'âl-Hhaçanyéh.
Le cheykh d'êl-Atouf.
Ibrâhym djerâïd.
Cheykh Ibrâhym Kâtib-êl-Souréh.
Cheykh Ibrâhym Maqar.
Wolmar.
Caffe.
Beaudeuf.

II.

Il y aura auprès du dyvân un commissaire français, le citoyen Cloutiers, et un commissaire musulmân, Dzûlfekâr Kiâyâ.

III.

Le général commandant la place fera réunir le 5 nivose, à neuf heures du matin, les membres qui doivent composer le dyvân général.

IV.

Ils procéderont à la nomination d'un président, de deux secrétaires, au scrutin et à la majorité absolue des suffrages.

V.

Après quoi ils procéderont à la nomination des quatorze personnes qui devront composer le petit dyvân, au scrutin et à la pluralité absolue. Les séances du dyvân général doivent être terminées en trois jours : il ne pourra être réuni que par une convocation extraordinaire.

VI.

Lorsque le général en chef aura accepté les membres nommés par le dyvân général pour faire partie du petit dyvân, ceux-ci se réuniront et procéderont à la nomination d'un président pris dans les quatorze, d'un secrétaire, de deux interpretes pris hors des quatorze, d'un huissier, un chef de bâtonniers et de dix bâtonniers.

VII.

Les membres composant le petit dyvân se réuniront tous les jours, et s'occuperont sans relâche de tous les objets relatifs à la justice, au bonheur des habitants, et aux intérêts de la république française.

VIII.

Le président aura cent thalaris par mois, les autres treize membres quatre-vingts thalaris par mois, les secrétaires auront vingt-cinq thalaris par mois, l'huissier soixante pârahs par jour, le chef des bâtonniers quarante pârahs, les autres bâtonniers quinze pârahs.

Signé BONAPARTE.

Par ordre du général en chef,

Le général divisionnaire, chef de l'état-major-général,

Alexandre BERTHIER.

PROCLAMATION.

28 ventose.

Aux Cheykhs, Eu'lémâs, Chéryfs, Orateurs de mosquées, et autres habitants du Pâchâliq d'Acre (A'kkâ).

Dieu est clément et miséricordieux.

Dieu donne la victoire à qui il veut; il n'en doit compte à personne. Les peuples doivent se soumettre à sa volonté.

En entrant avec mon armée dans le pâchâliq d'Acre, mon intention est de punir Djezzâr pâchâ de ce qu'il a osé me provoquer à la guerre, et de vous délivrer des vexations qu'il exerce envers le peuple. Dieu, qui tôt ou tard punit les tyrans, a décidé que la fin du regne de Djezzâr étoit arrivée.

Vous, bons musulmâns, habitants, vous ne devez pas prendre l'épouvante, car je suis l'ami de tous ceux qui ne commettent pas de mauvaises actions, et vivent tranquilles.

Que chaque commune ait donc à envoyer à mon camp des députés, afin que je les inscrive et leur donne des sauf-conduits : car je ne peux répondre sans cela du mal qui leur arriveroit.

Je suis terrible envers mes ennemis, bon, clément et miséricordieux envers le peuple, et ceux qui se déclarent mes amis.

Au fils de O'mar Dtâher.

Au camp d'Acre, le 29 ventose.

O'mar Dtâher, qui, pendant tant d'années, a commandé à Acre, dans la Tibériade, et dans toute la Galilée, homme recommandable par ses grandes actions, les talents distingués qu'il avoit reçus de Dieu, et la bonne conduite qu'il a tenue dans tous les temps envers les Français, dont il a constamment encouragé le commerce, a été détruit et remplacé par Djezzâr pâchâ, homme féroce et ennemi du peuple. Dieu, qui tôt ou tard punit les méchants, veut aujourd'hui que les choses changent.

J'ai choisi le cheykh A'bbâs êl-Dtâher, fils de O'mar Dtâher, en considération de son mérite personnel, et convaincu qu'il sera, comme son pere, ennemi des vexations et bienfaiteur du peuple, pour commander dans toute la Tibériade, en attendant que je puisse le faire aussi grand que son pere. J'ordonne donc par la présente aux cheykhs *él-Beled*, et au peuple de la Tibériade, de reconnoître le cheykh A'bbâs êl-Dtâher pour leur cheykh. Nous l'avons en conséquence revêtu d'une pelisse. J'ordonne également au cheykh êl-Beled de Nazareth de lui faire remettre les maisons, jardins, et autres biens, que le cheykh O'mar Dtâher possédoit à Nazareth.

Au quartier-général devant Acre, (A'kkâ) le 28 floréal an 7.

BONAPARTE, *général en chef.*

Soldats,

Vous avez traversé le désert qui sépare l'Afrique de l'Asie avec plus de rapidité qu'une armée arabe.

L'armée qui étoit en marche pour envahir l'Egypte est détruite; vous avez pris son général, son équipage de campagne, ses bagages, ses outres, ses chameaux.

Vous vous êtes emparés de toutes les places fortes qui défendent les puits du désert.

Vous avez dispersé, aux champs du mont Thâbòr, cette nuée d'hommes accourus de toutes les parties de l'Asie, dans l'espoir de piller l'Egypte.

Les trente vaisseaux, que vous avez vu arriver dans Acre, il y a douze jours, portoient l'armée qui devoit assiéger Alexandrie ; mais obligée d'accourir à Acre, elle y a fini ses destins : une partie de ses drapeaux orneront votre entrée en Egypte.

Enfin, après avoir, avec une poignée d'hommes, nourri la guerre pendant trois mois dans le cœur de la Syrie, pris quarante pièces de campagne, cinquante drapeaux, fait six mille prisonniers, rasé les fortifications de Ghazah, Jaffa, Caïffa, Acre, nous allons rentrer en Egypte : la saison des débarquements m'y rappelle.

Encore quelques jours, et vous aviez l'espoir de prendre le pâchâ même au milieu de son palais ; mais, dans cette saison, la prise du château d'Acre ne vaut pas la perte de quelques jours : les braves que je devrois d'ailleurs y perdre sont aujourd'hui nécessaires pour des opérations plus essentielles.

Soldats, nous avons une carriere de fatigues et de dangers à courir. Après avoir mis l'orient hors d'état de rien faire contre nous cette campagne, il nous faudra peut-être repousser les efforts d'une partie de l'occident.

Vous y trouverez une nouvelle occasion de gloire; et si, au milieu de tant de combats, chaque jour est marqué par la mort d'un brave, il faut que de nouveaux braves se forment, et prennent rang à leur tour parmi ce petit nombre qui donne l'élan dans les dangers, et maîtrise la victoire.

BONAPARTE.

Le genéral de division, chef de l'état-major-général,

Alex. BERTHIER.

PROCLAMATION du dyván de la ville du Caire, la bien gardée,

Aux provinces de l'Egypte, Charqyéh, Gharbyéh, Menoùfyéh, Qélyoùbéh, Djyzéh et Bahhyréh.

Les conseils sont ordonnés par la loi.

Dieu a dit dans le Qorân : « Ne suivez pas les « traces de Satan ». Dieu a dit : « N'écoutez pas « les conseils des méchants; ils font le mal sur la « terre, et sont incapables du bien ». Il est du devoir des bons de prévenir le mal avant qu'il arrive, ou qu'il soit irréparable. Nous vous prévenons, vrais croyants, pour que vous n'écoutiez pas les paroles des menteurs, parceque vous vous réveilleriez dans le repentir.

Il est arrivé au Caire, la bien gardée, le chef de l'armée française, le général Bonaparte, qui aime la religion de Mahomet. Il s'est arrêté avec ses soldats à Qoubbet-êl-A'âdelyeh, bien portant et sain, remerciant Dieu des faveurs dont il le comble. Il est entré au Caire, par la porte de la Victoire, le vendredi 10 du mois de Mohharram de l'an 1214 de l'hégire, avec une suite et une pompe des plus grandes : c'a été une fête de voir les soldats bien portants. Il avoit avec lui les savants d'êl-Azhâr, le Sâdât, le Bekryéh, le E'nânyéh, le Demyrdâ'chyéh, le Khoudyryéh, le Ahhmedyéh, le Refa'yéh, le Qâderyéh, les sept ôdjâqys du sulthân, les principaux habitants, les négociants et le dyvân. Ce jour a été un très grand jour ; l'on n'en n'a jamais vu de pareil. Tous les habitants du Caire sont sortis à sa rencontre ; ils ont vu et reconnu que c'étoit bien le même général en chef Bonaparte, en propre personne : ils se sont convaincus que tout ce qui avoit été dit sur son compte étoit faux. Son cœur étant porté pour les musulmâns, Dieu le comble de ses faveurs! Ceux qui avoient répandu de fausses nouvelles sur son compte sont les Arabes voleurs et les Mamloùks fuyards, dont les desseins sont la destruction du peuple, de ceux qui suivent les vrais principes de la religion, et d'empêcher la perception des droits du fisc, ne voulant nullement la tranquillité des créatures. Dieu a détruit leur puissance, à cause des crimes qu'ils commettoient, et sa justice est terrible. Nous avons appris que l'Elfy est allé dans la Charqyéh avec quelques mauvais sujets des Arabes Billys et A'yâ'ydys, roulant d'un lieu à l'autre pour faire le mal, pillant le bien des musulmâns; mais Dieu les en punira. Il répand dans les campagnes de fausses lettres, voulant faire croire aux paysans que les troupes du sulthân sont en route : la vérité est qu'il n'en existe pas, n'y ayant rien de plus faux que ces bruits. Son intention est de faire naître du trouble, pour amener la destruction du peuple, comme faisoit Ibrâhym bey pendant son séjour à Ghazah, d'où il envoyoit des firmâns pleins de faussetés et de mensonges, disant que c'étoit du consentement du sulthân. Les paysans trompés, et les mauvais sujets qui y ajoutoient foi, pour ne pas en prévoir les suites, se jetoient dans le malheur. Les habitants de l'Egypte supérieure ont chassé les Mamloùks pour leur sûreté, celle de leurs familles et de leurs enfants, parceque la punition des méchants entraîne la perte des bons, leurs voisins. La punition divine est tombée sur les méchants : nous demandons à Dieu d'en préserver les bons. Les habitants de l'Egypte supérieure ont montré par cette conduite plus de jugement et de prudence que ceux de la basse Egypte.

Nous vous informons que Djezzâr pâchâ, qui a été ainsi nommé à cause de ses grandes cruautés, ne faisant aucun choix de ses victimes, avoit rassemblé un grand nombre de mauvais sujets, soldats, o'tsmânlys, Arabes et autres, voulant venir s'emparer du Caire et des provinces de l'Egypte, et les encourageant par la promesse du pillage et du viol; mais Dieu s'est refusé à ses projets, faisant exécuter sa volonté à son choix. Les graces de Dieu sont infinies, et tout dépend des bonnes intentions. Il avoit envoyé partie de ses soldats dans le fort d'êl-A'rych dans l'intention de prendre Qathyéh. Le général en chef Bonaparte partit, battit les soldats de Djezzâr, qui étoient à êl-A'rych, et qui crioient à la fuite, après que leur plus grand nombre fut tué ou blessé : ils étoient environ trois mille. Il prit le fort d'êl-A'rych, et tous les approvisionnements de Djezzâr qui s'y trouvoient. Le général en chef se porta ensuite à Ghazah, battit ce qu'il y trouva des troupes de Djezzâr, qui fuirent devant lui comme les oiseaux et les souris fuient devant le chat ; étant entré dans le fort de Ghazah, il fit publier et assurer sûreté et protection au peuple, ordonna que la religion musulmâne fût respectée, et combla d'honneurs les savants, les principaux, et les négociants. Etant ensuite arrivé à Ramléh, il s'empara des approvisionnements de Djezzâr, en biscuit, riz, orge, deux mille outres fort belles, qui étoient là pour sa route sur l'Egypte; mais Dieu ne l'a pas voulu. Il fut ensuite sur Jaffa, et en fit le siege pendant trois jours; s'en étant emparé, il prit tous les approvisionnements qui s'y trouvoient faits par Djezzâr. Les habitants égarés n'ayant pas voulu se soumettre et le reconnoître, ayant refusé sa protection, il les livra, dans sa colere et par la force qui le dirige, au pillage et à la mort; il en est péri aux environs de cinq mille. Il a détruit leurs remparts, et fait piller tout ce qui s'y trouvoit: c'est l'ouvrage de Dieu qui dit aux choses d'être, et elles sont. Il a épargné les Egyptiens qui s'y sont trouvés, les a honorés, nourris et vêtus; il les a fait embarquer sur des bâtiments pour les reconduire dans leur patrie, les a fait escorter, crainte que les Arabes ne leur nuisissent, et les a comblés de biens. Il se trouvoit à Jaffa environ cinq mille hommes des troupes de Djezzâr; il les a tous détruits: bien peu se sont sauvés par la fuite. De Jaffa il se porta à la montagne de Nâblous, détruisit ce qui s'y trouva des troupes de Djezzâr, dans un endroit appelé Qaqoùn, brûla cinq villages de la montagne. Ce qui étoit dans les destins a eu lieu: le maître de l'univers agit toujours avec la même justice. Après, il a détruit les murs d'Acre, le château de Djezzâr, qui étoit très fort; il n'a pas laissé à Acre pierre sur pierre, et en a fait un tas de décombres, au point que l'on demande s'il a existé une ville dans ce lieu, où il avoit resté environ vingt ans pour la bâtir. Il y vexoit les habitants et les créatures : voilà la fin des édifices des tyrans. Lorsque sont venus à lui les partisans de Djezzâr, de tous côtés il les a complètement battus, et n'en a laissé échapper aucun ; il est tombé sur eux comme la foudre du ciel, et ils ont eu ce qu'ils méritoient. Il est retourné ensuite en Egypte pour deux motifs : le premier, pour tenir la promesse qu'il avoit faite aux Egyptiens de retourner à eux dans quatre mois, et ses promesses sont des engagements sacrés ; le second, c'est qu'il a appris que divers mauvais sujets Mamloùks et Arabes semoient le trouble et la sédition pendant son absence dans diverses provinces et villages. Son arrivée les a tous dissipés, comme des nuages aux premiers rayons du soleil et pendant le jour ; toute son ambition est toujours la destruction des méchants, et son envie de faire le bien aux bons. Son amour pour le Caire, l'Egypte, son fleuve, ses productions, et ses beautés, le porte à vouloir qu'il prospere jusqu'au jugement dernier. Il a amené avec lui quantité de prisonniers, des drapeaux et des canons qu'il a pris sur l'ennemi : toutes les peines sont pour ceux qui lui sont contraires, et le bonheur sera le partage de ceux qui lui sont unis. Retournez donc, créatures de Dieu, vers

Dieu; soumettez-vous à ses ordres; la terre lui appartient; suivez ses volontés, et sachez qu'il dispose de la puissance, et la donne à qui il veut: c'est ce qu'il nous a ordonné de croire. Ne soyez pas l'occasion de l'effusion de votre sang; ne faites pas trafic du malheur de vos familles et de vos enfants; n'écoutez pas les propos des Mamloùks fuyards; ne marchez pas sur les traces des pervers; ne marchez pas dans de mauvaises intentions; n'écoutez pas ceux qui vous disent que détruire les Français est une œuvre ordonnée par votre religion: c'est le contraire; ces conseils ne peuvent que vous conduire à votre abaissement, et entraîner la destruction des vrais croyants, grands et petits. Les Mamloùks et les Arabes vous égarent pour vous piller, et, lorsqu'ils voient venir les Français, ils fuient comme s'ils voyoient le diable, vous abandonnant à la colere des soldats; ce qui est déja arrivé plusieurs fois. Dieu nous suffit, et il suffit pour punir les méchants. Lorsque le général en chef est arrivé au Caire, il a fait connoître aux membres du dyvân qu'il aime les Musulmâns, qu'il chérit le prophete auquel s'adresse le salut, qu'il s'instruit dans le qôrân, qu'il le lit tout les jours avec attention; il a ordonné l'entretien de tout le nécessaire des mosquées, l'entrée de toutes les fondations et leur application, a conservé tous les droits des ôdjâqys, et s'est occupé du bonheur du peuple.

Voyez cette source de biens ; elle sera complétée par le créateur. Nous savons qu'il est dans l'intention de bâtir une mosquée qui n'aura point d'égale dans le monde, et d'embrasser la religion musulmâne.

CHEYKH EL-BEKRY.
CHEYKH EL-CHERQAOUY.
CHEYKH EL-MEHDY.
CHEYKH EL-SSAOUY.
CHEYKH EL-FAYOUMY.
A'LY KETKHODA.
SÉYD AHHMED EL-MAHHROUQY.
YOUÇOUF, BACH-TCHAOUCH.

PROCLAMATION.

A Terrânéh, le 29 messidor.

Il n'y a pas d'autre Dieu que Dieu,
et Mahomet est son prophete.

Aux cheykhs, eu'lémás, cheryfs, îmâms et felláhs de la province de Bahhyreh.

Tous les habitants de la province de Bahhyreh mériteroient d'être châtiés ; car les gens éclairés et sages sont coupables lorsqu'ils ne contiennent pas les ignorants et les méchants : mais Dieu est clément et miséricordieux. Le prophete a ordonné, dans presque tous les chapitres du Qorân, aux hommes sages et bons, d'être cléments et miséricordieux. Je le suis envers vous. J'accorde, par le présent firmân, un pardon général à tous les habitants de la province de Bahhyréh qui se seroient mal comportés, et je donne des ordres pour qu'il ne soit fait contre eux aucune espece de recherches. J'espere que, désormais, le peuple de la province de Bahhyréh me fera sentir, par sa bonne conduite, qu'il est digne du pardon.

PROCLAMATION A L'ARMÉE.

Alexandrie, le 5 fructidor.

Les nouvelles d'Europe m'ont décidé à partir pour France. Je laisse le commandement de l'armée au général Kleber. L'armée aura bientôt de mes nouvelles. Il me coûte de quitter des soldats auxquels je suis le plus attaché ; ce ne sera que momentanément, et le général que je leur laisse a la confiance du gouvernement et la mienne.

FIN.

PIECES DIVERSES

RELATIVES

AUX OPÉRATIONS MILITAIRES

ET POLITIQUES

DU GÉNÉRAL BONAPARTE.

TROISIEME PARTIE.

A PARIS,

DE L'IMPRIMERIE DE P. DIDOT L'AINÉ,

IMPRIMEUR DU SÉNAT-CONSERVATEUR

AU PALAIS NATIONAL DES SCIENCES ET ARTS.

AN VIII.

LIVRE TROISIEME.

LETTRES

Du Dyvân, du Chérif de la Mekke, du Sulthân de Darfour, etc.

N° I.

TRADUCTION D'UNE LETTRE

Adressée au chérif de la Mekke, par les cheyks et notables du Caire.

Après avoir adressé au ciel les vœux ardents que nous ne cessons de lui faire pour la conservation des jours précieux de notre seigneur le prince des fideles, l'ornement du bandeau royal de la postérité du hachim, le fleuron de la couronne de la race prophétique, le chérif Galib, sulthân de la Mekke; veuille le Tout-Puissant l'élever au plus haut degré de gloire, le combler de ses plus insignes faveurs, lui accorder une protection spéciale, et le préserver de tout contre-temps fâcheux qu'amène la révolution des jours et des nuits, en considération des mérites de son glorieux aïeul, le plus puissant des intercesseurs.

Nous avons l'honneur d'informer notre seigneur, dont le génie actif ne cesse jamais de veiller aux intérêts de la religion et des fideles, comme aussi nous avons l'honneur d'informer les seyds descendants d'Abdenenaf, un des plus illustres aïeux de nos seigneurs les chérifs, tous les docteurs de l'islamisme habitants de la Mekke, les cadis, les imâms prédicateurs, et généralement tous les négociants et employés dans le gouvernement de la ville sainte, que le 7 du mois de Safar, qui tomboit un samedi, l'armée française s'est présentée sur les terres de Giza, sur la rive occidentale du Nil, et y a livré, le même jour, aux Mamloùks, un combat qui a duré deux heures environ. L'issue de ce combat a été fatale aux Mamloùks, qui ont été forcés de prendre la fuite vers le coucher du soleil, après avoir laissé sur le champ de bataille un grand nombre de leurs combattants. Le lendemain au matin, une députation des docteurs de la loi, et des notables de la ville du Caire, se transporta à Giza pour demander sauve-garde et protection en faveur des habitants, excepté les Mamloùks et leurs adhérents. Le général en chef leur accorda leur demande. Les mêmes députés demanderent que le khoutbé, c'est-à-dire les vœux que les prédicateurs des mosquées ont coutume de faire pour sa majesté impériale, le vendredi, à la priere du midi, eussent lieu comme ci-devant. Le général en chef y souscrivit d'une maniere authentique, et il ajouta qu'il étoit un des plus dévoués amis de l'empereur des Ottomans, qu'il chérissoit ceux qui lui étoient attachés, et que tous ses ennemis étoient les siens propres.

Et de suite il ordonna que les exercices religieux se fissent librement, comme à l'ordinaire, dans la ville du Caire, et que la proclamation de la priere, la lecture du Qorân, l'ouverture des mosquées, et tout acte de piété, reprissent leur cours. Il se plut encore à informer la députation qu'il étoit pénétré de la vérité incontestable qu'il n'y a d'autre Dieu que Dieu, que les Français en général étoient remplis de vénération pour notre prophete et le livre de notre sainte loi, et que beaucoup d'entre eux étoient même convaincus de la supériorité de l'islamisme sur toutes les autres religions ; et, en preuve, le général cita la délivrance de tous les Musulmans qu'il trouva esclaves à Malte, lorsqu'il eut le bonheur de s'en emparer, la destruction des églises chrétiennes et des croix dans les états qu'il a conquis, et particulièrement dans la ville de Venise, où il a fait cesser les vexations qu'on faisoit aux Musulmans, le renversement du trône du pape, qui légitimoit le massacre des fideles, et dont le siege étoit à Rome. Cet ennemi éternel de l'islamisme, qui faisoit croire aux chrétiens que c'étoit une œuvre méritoire aux yeux de Dieu que de verser le sang des vrais croyants, n'existe plus pour le repos des fideles, sur lesquels le Tout-Puissant veille avec bonté.

Lorsque les pélerins de la Mekke s'approcherent du Caire, le général de l'armée française se transporta lui-même dans la province de la Charkie; sur les nouvelles qui parvinrent que les Arabes voleurs et assassins les avoient dispersés et dépouillés ; les troupes françaises recueillirent tous ceux qui avoient échappé à la déprédation et à la mort, leur procurerent des montures, et donnerent à manger et à boire à ceux qui avoient faim et soif.

Le général, plusieurs jours avant de partir pour la Charkie, avoit écrit à la karavanne des pélerins pour l'inviter à se rendre en droiture au Caire, où il leur seroit fait l'accueil le plus gracieux. Malheureusement ses lettres ne parvinrent point, et elle a subi ce que le destin avoit ordonné d'elle.

L'ouverture du canal de la ville du Caire s'est faite, cette année, avec plus de pompe que de coutume, dans la vue sans doute de complaire aux fideles, et de dissiper leurs inquiétudes et leurs soucis. Le général a distribué des sommes considérables, en aumône, aux pauvres, et il a donné un festin aux notables. De même aussi, le jour de la naissance du prince des prophetes, il a dépensé beaucoup d'argent pour la fête qui a eu lieu, et qui a été des plus brillantes, à la satisfaction des vrais croyants. *Nous sommes à Dieu, et nous retournerons à lui.* Nous devons sur-tout ne pas vous laisser ignorer que le général a témoigné le plus grand desir pour la nomination d'un émir Hadji, et pour toutes les dispositions qui doivent précéder l'expédition de la karavanne des pélerins. Nous avons été d'avis, ainsi que lui, de donner cette honorable commission au très distingué l'émir Mustapha agha, kiaya de son excellence Aboubekir pâchâ, gouverneur du Caire; et ce choix nous a paru devoir être agréable à la sublime Porte, en ce qu'il assure ses droits sur un des points qui lui tiennent le plus à cœur. Aussi cette disposition a-t-elle répandu la joie et la sécurité chez tous les Musulmans.

Le général de l'armée française montre le zele le plus actif pour les intérêts des deux sanctuaires, et il s'occupe avec assiduité de tout ce qu'il y a à faire pour l'expédition de la karavanne des pélerins. C'est ce qu'il nous a recommandé de vous faire savoir, comme témoins oculaires des soins qu'il prend pour cet objet important, afin que, de votre côté, vous fassiez ce qui vous paroîtra convenable.

Salut, et mille fois salut de paix, sur cet envoyé glorieux qui est venu annoncer la vérité aux hommes, et qui a été doué de toutes les perfections et de toutes les vertus. Salut aussi sur son illustre famille, et sur les vénérables compagnons de sa mission divine.

Fait au Caire, le 20 de la lune de Reby-il-ewel, l'an de l'hégyre 1213.

Suit un grand nombre de signatures.

N° II.

LETTRE

DU CHERIF DE LA MEKKE.

Suscription de la lettre.

Avec le secours du ciel, que cette lettre parvienne au Caire, et soit remise à l'émir Bonaparte, l'ami de la sacrée Caâba; que Dieu le dirige dans ses voies.

Au nom du Dieu clément et miséricordieux, et salut de paix sur notre seigneur Mahomet, le dernier de tous les prophetes, et le prince des envoyés de Dieu. Salut de paix soit aussi sur sa famille, et sur les apôtres de sa mission divine.

Suit le grand sceau du chérif, où on lit,

L'esclave du Tout-Puissant, Galib Mussayd, l'an de l'hégyre 1202 (*époque de son avènement.*)

Chérif GALIB, fils de MUSSAYD, prince de la Mekke,

A l'émir BONAPARTE, le protecteur des eu'lemas, et l'ami de la sacrée Caâba.

Après vous avoir fait mes salutations, je dois vous informer que j'ai reçu votre lettre amicale, et que j'en ai compris le contenu; j'ai vu notamment que vous avez donné au kiaya du pâchâ du Caire la charge de conducteur de la karavanne des pélerins musulmans, et je n'ai pu qu'applaudir à cette disposition.

Vous me dites que vous êtes résolu d'encourager les pélerins musulmans à visiter la maison de Dieu, et qu'ils demandent sûreté et protection de notre part. Il n'y a pas de doute qu'ils ne soient ici efficacement protégés, et que personne ne s'opposera à ce qu'ils visitent paisiblement la sacrée Caâba, et le mausolée du prophete. Le Seigneur n'a ordonné la construction de sa sainte maison, que pour en faire le rendez-vous de l'islamisme. Ainsi chacun pourra venir s'acquitter, selon la coutume, du devoir du pélerinage, et il n'y aura rien à craindre pour lui.

Quant à ce que vous me dites au sujet des encouragements à donner au commerce du café, sachez que les négociants de l'Hydiaz ne sont point encore assez rassurés contre les vexations qu'ils avoient coutume d'essuyer ci-devant de la part des Mamloùks; et si vous avez l'intention de donner à ce commerce toute l'extension dont il est susceptible, prenez quelques mesures pour les tranquilliser, et faites-leur connoître le droit que vous exigerez d'eux sur les cafés et sur les autres marchandises. Si vous prenez ce parti, vous les verrez accourir en foule. Autrement, la crainte d'être inquiétés dans leurs opérations de commerce les empêchera d'aller en Egypte.

Ce que vous me dites aussi au sujet des Arabes qui pourroient maltraiter les pélerins musulmans, cela n'aura sûrement pas lieu, avec le secours de Dieu et votre puissante protection.

Salut de paix sur celui qui suit la direction du salut.

N° III.

LETTRE

DU DYVAN DU CAIRE.

Au nom de Dieu clément et miséricordieux.

De la part des membres composant l'illustre dyvân du Caire, au soutien des foibles et des malheureux, au protecteur des sciences et de ceux qui les cultivent, à l'ami de la religion musulmane et de ceux qui la professent, l'appui des orphelins et des opprimés, le régulateur des affaires des empires et des armées; au très grand, très glorieux, très vaillant prince de l'armée française le général en chef Bonaparte; que Dieu veuille lui accorder, depuis l'aurore jusqu'au coucher du soleil, toutes sortes de prospérités, par la protection spéciale de la plus noble des créatures N. S. Muhammed : que le salut de paix soit sur lui.

Après les vœux que nous formons pour votre conservation, et pour votre retour fortuné au milieu de nous, si vous desirez connoître la situation du Caire, et de ses provinces tant méridionales et septentrionales que de celles qui sont à l'orient et à l'occident, elles sont dans la paix et dans la joie la plus parfaite, loin du trouble et de toute espece de malheurs. Les temples et les marchés sont dans un ordre admirable; les grands, les négociants, le peuple, pénétrés de la plus vive reconnoissance pour celui qui leur procure tant de biens, ne cessent de prier le tout-puissant pour sa gloire et sa prospérité.

Ainsi comblés des faveurs divines, au sein de l'abondance et du repos dont ils jouissent, ils admirent la sagesse et la bonté du général qui gouverne en votre nom la province du Caire, ne pouvant s'empêcher de reconnoître en ce choix l'effet de votre haute sollicitude.

Le commandant de la place est dans les meilleures dispositions, et suit les regles de la plus exacte justice.

L'administrateur général des finances est plein de noblesse, de talents, de bonté, et de commisération ; le prince des chérifs, cheykh êl-Bekry, est toujours immuable dans son amitié ; le président du dyvân, cheykh êl-Chercavi, sait tout concilier par ses vertus ; le cheykh êl-Muhdy est toujours pénétré de reconnoissance ; l'intendant Qussukiar Kibia est toujours l'ornement du monde. Enfin tous les habitants de l'Egypte ne forment de vœux que pour votre retour, qui, s'il plaît à Dieu, sera prochain et fortuné. Tous prient le très Haut de protéger vos armes contre les tyrans, et de vous ouvrir les portes du salut.

Le lendemain de votre départ, le général Dugua rassembla les soixante membres du dyvân général, et leur recommanda de prévoir la suite des évènements. Il ajouta (1) « que ceux qui marcheroient dans le sentier de la justice et de la raison éprouveroient votre générosité et votre clémence ; mais que ceux qui voudroient semer le trouble et la discorde ressentiroient tous les maux qu'elle entraîne après elle ». Tout le monde a applaudi à ses justes conseils et à ses dispositions favorables.

Le quatrieme jour, il revint au milieu de nous, et fit appeler les chefs des quartiers et des marchés publics, et les principaux personnages de la ville. Il leur fit savoir que si quelqu'un troubloit le bon ordre dans les quartiers, dans les marchés,

---

(1) Paroles extraites du Qorân.

ou dans les places publiques, il sauroit faire punir les chefs qui ne l'auroient pas empêché. Il leur recommanda aussi de faire punir les médisants et ceux qui semeroient de fausses nouvelles, sources de malheurs.

Ce discours a produit les plus heureux effets parmi les habitants du Caire : vos nobles firmâns ont été distribués dans les provinces ; et, graces aux sages mesures que vous aviez déja prises, la force de vos intentions s'est imprimée dans tous les esprits, et a effacé pour jamais toutes les traces de discorde ou de désobéissance.

Veuillez nous informer des évènements qui se passeront, et nous tranquilliser sur votre santé, que Dieu veuille nous conserver par l'intercession du prophete, sur qui soient les prieres et le salut.

El Séyd Khalyl-êl-Bekry, *Naqyb-êl-Echrâf.*
A'bdoùllah-êl-Cherqâoùy, *président du dyvân.*
Mohhammed-êl-Mehdy, *secrétaire du dyvân.*
A'ly Kiâyâ-êl-Medjedely, *membre du dyvân.*
El-Séid Ahhmed êl-Mahhroùqy, *membre du dyvân.*
Yoùçouf Ferhâd, *id.*
Baudeuf, *id.*
Georges Nassar, *id.*
Dzûlfekâr Kiâyâ, *commissaire près le dyvân.*

Yoùçouf bâch-tchâoùch, *membre du dyvân*.
Mikhâël Kéhhyl, *id*.
Loutf alla êl-Messyry, *id*.
Wolmar.

N° IV.

Le Tout-Puissant a dit (et ses paroles sont sinceres et conformes à sa volonté) :

« Croyez que la terre appartient à Dieu, et qu'il
« la donne en héritage à ceux qu'il lui plaît, à ses
« serviteurs. Au nom de Dieu, que sa volonté
« s'accomplisse ! Tous les biens n'émanent que de
« lui ; au nom de Dieu, que sa volonté s'accom-
« plisse ! toute élévation vient de lui. »

De la part du dyvân du Caire (la ville bien gardée), au général en chef des armées françaises, doué d'une intelligence sans bornes, et de mille autres qualités admirables. (Que Dieu ne cesse de le conserver pour les foibles et les malheureux, les savants et les justes, et qu'il continue toujours à lui accorder sa protection spéciale!)

Après les vœux continuels que nous formons pour votre gloire, pour votre conservation, et pour votre retour fortuné au milieu de nous, après le salut; nous avons l'honneur de vous informer que nous avons reçu votre noble lettre, qui contient la relation des évènements qui se sont passés lors de la prise de Jaffa par les troupes de la république française, de toutes les défaites et de l'humiliation qu'ont essuyées vos ennemis.

Ils auroient bien mieux fait de ne pas résister à vos ordres suprêmes, et d'abandonner pour jamais les moyens de ruse et de perfidie qui les ont conduits à leur perte; mais, quand la justice divine a prononcé, les plus clairvoyants sont aveugles : la force ni la ruse ne sauroient empêcher que les destinées s'accomplissent.

Nous avons rédigé et fait imprimer la relation de ces évènements, et nous avons fait sentir aux peuples de l'Egypte que, si le féroce Djezzâr y étoit entré, il n'auroit épargné personne, sans distinction de bons ou de méchants; la tyrannie qu'il exerce sur les peuples de Syrie en fait assez juger. Nous leur avons rappelé que ce monstre est de la race des Mamloùks, auxquels il doit son élévation, et dont l'Eternel, qui lit au fond des cœurs, les a délivrés. C'est pourquoi les peuples d'Egypte bénissent, après Dieu, les chefs de leur loi qui ont été à votre rencontre à Djizéh, lors de votre heureuse arrivée, et qui ont obtenu pour eux votre haute protection, et les faveurs dont vous les comblez. Ils bénissent l'Eternel de ne pas leur avoir inspiré, comme à ceux de Jaffa, l'esprit de révolte et de désobéissance ; car le peuple de l'Egypte est sans contredit le meilleur des peuples de Dieu. Nous avons ainsi publié ces relations, qui attestent votre clémence et votre bonté.

On a célébré, pour la réception des drapeaux pris à Jaffa, une fête solemnelle, et dont l'ordre étoit admirable. Tous les grands, les savants, les négociants, et les habitants du Caire y sont accourus, et ce jour a été celui de la joie publique et particuliere. Nous avons porté en triomphe ces drapeaux à la mosquée d'El-ézhâr, où ils ont été placés au-dessus du livre sacré, des tribunes, et des portes. Plût à Dieu que les habitants de Jaffa eussent suivi notre exemple! Ils auroient éprouvé votre générosité ; mais lorsque Dieu a décidé la punition d'un peuple injuste, il faut que sa volonté s'accomplisse. Malheur à qui s'y oppose!

Si vous desirez connoître la situation de notre ville fortunée, elle est au comble de la joie, de l'assurance, et de la fidélité. Le général Dugua, le commandant de la place, l'administrateur général des finances, les savants, les négociants, et le peuple, vivent dans la plus heureuse intelligence, exempts d'inquiétudes et de médisances. Il ne leur manque que votre présence fortunée; ils ne cessent de demander à Dieu qu'il vous ramene bientôt au milieu de nous, au comble de la gloire et de la prospérité.

Nous présentons mille salutations au général Alexandre Berthier, dont les bontés et les talents extraordinaires nous sont connus; à l'ami des pauvres, le compatissant, le docte, le premier interprete, Venture; à notre fils Elias (que Dieu les protege par l'intercession du fils d'Abbas!); à votre fils et votre éleve, qui vous est aussi cher que la paupiere des yeux, notre fils Eugene; à votre payeur général Esteve, connu par son zele et sa fidélité pour notre service, ainsi qu'au dépositaire de vos secrets, votre secrétaire Bourrienne, plein de qualités louables. Que dieu les conserve tous, et leur accorde son salut de paix!

Nous prenons la liberté, quoiqu'il n'en soit pas besoin, de recommander à votre bienveillance les pauvres sujets de l'Egypte et de la Syrie, envers qui vous avez déja montré tant de clémence. Que Dieu veille à votre conservation, et vous ramene parmi nous par sa protection spéciale, et l'intercession du prophete, sur qui soient les prieres et le salut!

Esséyd Khalyl-èl-Bekry, *Naqyb-él-Achrâf*.

(283)

Mohhammed-êl-Mehdy, *secrétaire du dyvân.*
A'bdoùllah-êl-Cherqâoùy, *président du dyvân.*
Dzûlfekâr Kiâyâ, *commissaire du dyvân.*
A'ly Kiâyâ êl-Medjedely, *membre du dyvân.*
Yoùçouf bâch-tchâoùch, *id.*
Ahhmmed êl-Mahhroùqy, *id.*
Mikhâël Kébhyl, *id.*
Yoùçouf Ferhâd, *id.*
Loùtf ahhlah êl-Messiry, *id.*
Baudeuf, *id.*
Wolmar, *id.*
Gerges Nassar, *interprete.*

N° V.

De la part du chérif GHALEB, fils du fortuné chérif de la noble ville de la Mekke, au soutien des grandes colonnes de l'empire français, doué d'une haute sollicitude, notre grand ami Bonaparte, général en chef des armées françaises, de qui émane toute sorte de biens et de grandeurs.

Après les prieres que nous ne cessons de faire pour votre prospérité, nous avons l'honneur de vous informer que nous avons reçu la noble lettre que vous nous avez adressée, et que nous en avons compris tout le contenu.

Nous avons pris connoissance des droits qui seront perçus en Egypte sur les marchandises venant par la mer rouge, ainsi que de l'article par lequel vous avez la bonté de nous accorder la libre entrée de cinq cents saules, et cette exception honorable en notre faveur est une nouvelle preuve de votre confiance en notre amitié, que nous mériterons de plus en plus par une inviolable fidélité.

Nous avons, selon vos intentions, envoyé, par des occasions sûres, les trois lettres que vous nous avez adressées, la premiere pour Hyder Typoo sultan, la seconde pour l'iman de Mascate, et la troisieme pour votre chargé d'affaires à Mokha, et nous avons lieu d'espérer que, s'il plaît à Dieu, vous en recevrez bientôt les réponses.

Notre intention est de faire tout ce qui dépendra de nous pour favoriser nos relations commerciales avec l'Egypte, et pour inspirer aux commerçants la confiance et la foi dues à vos paroles, et à la paix et heureuse intelligence qui regne entre vous et nous, et qui, s'il plaît à Dieu, ne sera jamais troublée.

Le retour de notre envoyé (arrivé ici le 7 de ce mois) a dissipé tous les doutes qu'avoient fait naître des bruits faux et mensongers, répandus parmi les marchands de ce pays sur la sûreté des spéculations en Egypte. La lettre sur-tout de votre fortuné visir, les attentions qu'il a eues pour nos compatriotes, et les soins qu'il a bien voulu prendre pour la sûreté du transport de leurs marchandises, ont produit un si grand effet sur l'esprit des négociants, qu'ils ont sur-le-champ expédié cinq bâtiments, chargés en partie pour notre compte, ainsi que vous pourrez le voir par les états.

Nous vous prions de prendre ces marchandises sous votre protection spéciale, de vouloir bien les faire escorter par vos troupes de Suez au Caire, et de donner des ordres pour qu'on veille au prix des transports par les Arabes, afin que la sécurité et les avantages qui en résulteront contribuent à multiplier nos relations commerciales. Vous pouvez compter sur une entiere réciprocité de notre part pour toutes les demandes que vous pourrez nous faire : que Dieu favorise toujours vos bonnes dispositions à notre égard, et qu'il veille à la conservation de vos jours.

P. S. Nous vous adressons ci-joint l'état des sommes qu'on étoit dans l'usage de nous envoyer d'Egypte à l'époque du pélerinage.

(Du 23 de zi êl câadé, l'an de l'hégire 1213, 9 floréal an 7.)

N.° VI.

(Ici est l'empreinte du sceau du sultan.)

Au nom de Dieu, clément et miséricordieux.

Louanges à Dieu, maître des mondes, et salut sur le dernier des prophetes.

De la part du sulthán de Darfour (1), *modele des princes musulmans, successeur du prophete de Dieu maître des mondes, exemple de justice et de piété, serviteur des deux cités saintes. N. S. Abd. Ulhahman él-Rechid, que Dieu le protege toujours.*

Au glorieux sulthán des armées françaises, mille saluts.

Nous avons l'honneur de vous informer que le bruit de vos victoires est parvenu jusqu'à nous, et que nous avons appris avec joie vos conquêtes sur les Mamloùks. Un Européen, devenu Musulman, nous ayant appris combien vous favori-

---

(1) Royaume dans la Nubie.

sez les étrangers, nous avons remis ce firman au conducteur de la karavanne Inssuf êl Gellabi, chargé de vous assurer de notre amitié, qui, s'il plaît à Dieu, sera constante. Nous vous le recommandons vivement, afin que vous puissiez le protéger spécialement, ainsi que sa suite et ses esclaves. Nous vous présentons mille salutations et mille amitiés.

N° VII.

Caire, le 9 messidor an 7

Le DYVAN, au général en chef BONAPARTE.

Le dyvân a reçu votre lettre, qui l'informe de la destitution du fils du cadi, à cause de la mauvaise conduite de son pere, et votre ordre pour qu'il choisît et vous présentât un homme pour le remplacer. Ayant procédé au scrutin, quatre personnes y ont concouru, et le cheykh Ahmed êl Arichi a réuni le plus de voix. Cela a été fait pour remplir vos desirs, et exécuter vos ordres; mais nous vous informons que le cheykh êl Sadat, le cheykh êl Amir, le cheykh êl Harizé, le cheykh êl Dessouki, le cheykh êl Geoari, le cheykh êl

Sirsi, le cheykh êl Arichi, et le cheykh êl Anani, et plusieurs autres principaux de la ville, étant au dyvân, intercedent auprès de vous, conjointement avec les membres du dyvân, et implorent votre bonté en faveur du fils du cadi, qui est rempli de jugement, et juste; qui, par un effet de la bonté de Dieu, n'a eu aucune relation avec son pere dans sa révolte, ni par lettre, ni autrement; qui a toujours été contraire et fortement opposé à son pere, dans son union avec l'émir Hagi; qui, de plus, est d'un caractere foible, et fort jeune. Il a été vous voir; vous l'avez bien accueilli, et parfaitement rassuré sur sa personne : il est retourné chez lui très satisfait de vos bontés.

Le peuple a été alarmé aujourd'hui sur sa religion à cause de la destitution du cadi des Musulmans, sans qu'il ait fait aucune faute, et après que vous lui avez accordé sûreté lorsqu'il s'est présenté à vous, ce qu'un chacun a su. De plus, il a sa mere, son aïeule, et sa sœur, qui pleurent sur son sort. Soyez miséricordieux en le leur rendant, et miséricordieux envers le peuple, en levant tout sujet aux vains propos, parceque nous aimons que généralement tout le peuple vous aime, soit, sous votre protection, exempt de sédition, rassuré sur sa religion; et ce peuple ne peut être rassuré sur sa religion après la destitution de leur cadi. Quand bien on leur en donneroit chaque jour un nouveau, il ne seroit pas exempt de crainte et de suspicion.

Soyez miséricordieux envers les membres du dyvân, en accueillant leur intercession, crainte qu'il ne leur résulte du mal de la part du peuple. Nous prions donc votre bonté et votre miséricorde de pardonner au fils du cadi, de le loger à l'Esbequié, dans la maison du dyvân, avec sa mere, son aïeule, et sa sœur : les membres du dyvân répondent de lui, et il rendra la justice, dans votre dyvan, sous une garde. Il est de notre devoir de vous informer de ce qui convient le mieux pour le bonheur de la ville, et la tranquillité du peuple ; nous connoissons combien vous aimez les Musulmans, et chérissez le Qorân, et respectez le prophete, auquel s'adressent les prieres et le salut. Soyez toujours bien chéri, grand, et recevez nos saluts.

FIN DU TROISIEME LIVRE.

LIVRE QUATRIEME.

LETTRES
Du Général en chef BONAPARTE.

N° I.

Au pâchá d'Egypte.

A bord de l'Orient, le 12 messidor an 6.

Le Directoire exécutif de la République française s'est adressé plusieurs fois à la sublime Porte pour demander le châtiment des beys d'Egypte, qui accabloient d'avanies les commerçants français.

Mais la sublime Porte a déclaré que les beys, gens capricieux et avides, n'écoutoient pas les principes de la justice, et que non seulement elle n'autorisoit pas les outrages qu'ils faisoient à ses bons et anciens amis es Français, mais que même elle leur ôtoit sa protection.

La République française s'est décidée à envoyer une puissante armée pour mettre fin aux brigandages des beys d'Egypte, ainsi qu'elle a été obligée de le faire plusieurs fois dans ce siecle, contre les beys de Tunis et d'Alger.

Toi qui devrois être le maître des beys, et que cependant ils tiennent au Caire sans autorité et sans pouvoir, tu dois voir mon arrivée avec plaisir.

Tu es sans doute déja instruit que je ne viens point pour rien faire contre l'Alcoran, ni le sultan. Tu sais que la nation française est la seule et unique alliée que le sultan ait en Europe.

Viens donc à ma rencontre, et maudis avec moi la race impie des beys.

N° II.

Au commandant de la Caravelle.

A bord de l'Orient, le 13 messidor an 6.

Les beys ont couvert nos commerçants d'avanies; je viens en demander réparation.

Je serai demain dans Alexandrie; vous ne devez avoir aucune inquiétude, vous appartenez à notre grand ami le sultan : conduisez-vous en conséquence; mais si vous commettez la moindre hostilité contre l'armée française, je vous traiterai en ennemi, et vous en serez cause, car cela est loin de mon intention et de mon cœur.

N° III.

Au pâchá d'Egypte.

Le 4 thermidor an 6.

Je suis très fâché de la violence que vous a faite Ibrahym pour vous forcer à quitter le Caire, et à le suivre. Si vous en êtes le maître, revenez au Caire; vous y jouirez de la considération et du rang dû au représentant de notre ami le sultan.

Je vous ai écrit d'Alexandrie la lettre ci-jointe, et j'ai chargé le commandant de la caravelle de vous la faire remettre; je suis assuré que vous ne l'avez pas reçue.

Par la grace de Dieu, de qui tout dépend, les Mamloùks ont été détruits. Soyez assuré et assurez la Porte que les mêmes armes que nous avons rendues victorieuses, seront toujours à la disposition du sultan. Que le ciel comble ses desirs contre ses ennemis!

N° IV.

Aux cheykhs et notables du Caire.

Giza, le 4 thermidor an 6.

Vous verrez par la proclamation ci-jointe les sentiments qui m'animent.

Hier, les Mamloùks ont été pour la plupart tués ou faits prisonniers, et je suis à la poursuite du peu qui reste encore.

Faites passer de ce côté-ci les bateaux qui sont sur votre rive; envoyez-moi une députation pour me faire connoître votre soumission.

Faites préparer du pain, de la viande, de la paille et de l'orge pour mon armée, et soyez sans inquiétude, car personne ne desire plus contribuer à votre bonheur que moi.

N° V.

Au pâchâ du Caire.

Giza, le 5 thermidor an 6.

L'intention de la République française, en occupant l'Egypte, a été d'en chasser les Mamloùks qui étoient à-la-fois rebelles à la Porte, et ennemis déclarés du commerce français.

Aujourd'hui qu'elle s'en trouve maîtresse, par la victoire signalée que son armée a remportée, son intention est de conserver au pâchâ du grand-seigneur ses revenus et son existence.

Je vous prie donc d'assurer la Porte qu'elle n'éprouvera aucune espece de perte, et que je veillerai à ce qu'elle continue à percevoir le même tribut qui lui étoit ci-devant payé.

N° VI.

A Ibráhym bey.

Le 24 thermidor an 6.

La supériorité des forces que je commande ne peut plus être contestée ; vous voilà hors de l'Egypte, et obligé de passer le désert.

Vous pouvez trouver dans ma générosité la fortune et le bonheur que le sort vient de vous ôter.

Faites-moi connoître de suite votre intention.

Le pâchâ du grand-seigneur est avec vous ; envoyez-le moi porteur de votre réponse ; je l'accepte volontiers comme médiateur.

N° VII.

Au contre-amiral Gantheaume.

Le 23 thermidor an 6.

LE tableau de la situation dans laquelle vous vous êtes trouvé, citoyen général, est horrible. Puisque vous n'avez pas péri dans cette circonstance, c'est que le sort vous destine à venger un jour notre marine et nos amis. Recevez-en mes félicitations, c'est le seul sentiment agréable que j'aie éprouvé depuis avant-hier. J'ai reçu à mon avant-garde, à trente lieues du Caire, votre rapport que m'a apporté l'aide-de-camp du général Kleber.

Je vous salue, et vous embrasse.

N° VIII.

A la citoyenne Brueys.

Le 2 fructidor an 6.

VOTRE mari a été tué d'un coup de canon, en combattant vaillamment à son bord. Il est mort sans souffrir, et de la mort la plus douce, la plus enviée par les militaires.

Je sens vivement vôtre douleur. Le moment qui nous sépare de l'objet que nous aimons est terrible ; il nous isole de la terre ; il fait éprouver au corps les convulsions de l'agonie. Les facultés de l'ame sont anéanties ; elle ne conserve de relation avec l'univers qu'au travers d'un cauchemar qui altere tout. Les hommes paroissent plus froids, plus égoïstes, plus méchants, plus odieux qu'ils ne le sont réellement. L'on sent dans cette situation que si rien ne nous obligeoit à la vie, il vaudroit beaucoup mieux mourir. Mais, lorsqu'après cette premiere pensée l'on presse ses enfants contre son cœur, des larmes, des sentiments tendres raniment la nature ; et l'on vit pour ses enfants. Oui, madame, voyez-les dès ce premier moment ; qu'ils ouvrent votre cœur à la mélancolie : vous pleurerez avec eux, vous éleverez leur enfance, cultiverez leur jeunesse. Vous leur parlerez de leur pere, de votre douleur, de la perte qu'eux et la République ont faite. Après avoir rattaché votre ame au monde par l'amour filial et l'amour maternel, appréciez pour quelque chose l'amitié et le vif intérêt que je prendrai toujours à la femme de mon ami. Persuadez-vous qu'il est des hommes, en petit nombre peut-être, qui méritent d'être l'espoir de la douleur, parcequ'ils sentent avec chaleur les peines de l'ame.

N° IX.

Au commandant de Béhiré.

Le 7 fructidor an 6.

Vous ferez venir l'émir Ibrâhym Cattalla, un des principaux de votre province, moyennant un sauf-conduit que vous lui enverrez. Vous prendrez les mêmes mesures vis-à-vis les cheykhs él-beled qui ont le plus d'influence dans la province, et vous les inviterez à vous seconder dans la manutention des affaires, et principalement dans le nettoiement du canal él-Escrefié, destiné à la fourniture de l'eau pour les citernes d'Alexandrie, ainsi que des autres canaux qui servent à l'arrosement des terres. Vous sentez trop combien ces objets sont essentiels. Je vous préviens qu'il a été expédié à l'intendant-général, par l'intendant cophte de chez vous, des ordres pour la perception d'une contribution en nature à compte des impôts, laquelle doit servir à l'approvisionnement du magasin des subsistances de l'armée à Rosette, et préalablement vous prendrez ce qui sera nécessaire pour le besoin des troupes qui sont sous vos ordres.

Je vous recommande ledit intendant, avec lequel vous vous entendrez pour les affaires de votre province qui régissent les impôts.

N° X.

Au chérif de la Mekke.

Le 8 fructidor an 6.

En vous faisant connoître l'entrée de l'armée française en Egypte, je crois devoir vous assurer de la ferme intention où je suis de protéger de tous mes moyens le voyage des pélerins de la Mekke. Les mosquées et toutes les fondations que la Mekke et Médine possedent en Egypte continueront à leur appartenir comme par le passé. Nous sommes amis des Musulmans et de la religion du prophete ; nous desirons faire tout ce qui pourra vous plaire, et être favorable à la religion.

Je desire que vous fassiez connoître par-tout que la karavanne des pélerins ne souffrira aucune interruption ; qu'elle sera protégée de maniere qu'elle n'aura rien à craindre des Arabes.

N° XI.

Au cheykh él-Missiri.

Le 11 fructidor an 6.

Le général Kleber me rend compte de votre conduite, et j'en suis satisfait.

Vous savez l'estime particuliere que j'ai conçue de vous au premier instant que je vous ai connu. J'espere que le moment ne tardera pas où je pourrai réunir tous les hommes sages et instruits du pays, et établir un régime uniforme, fondé sur les principes de l'Alcoran, qui sont les seuls vrais, et qui peuvent seuls faire le bonheur des hommes.

Comptez en tout temps sur mon estime et mon appui.

N° XII.

Au dyvân.

Le 12 fructidor an 6.

Sur les instances que vous m'avez faites pour Mustapha, du village d'Abouzabel, et sur la garantie que vous m'avez donnée que désormais il se conduiroit comme je le desire, je vous préviens que je viens de le faire mettre en liberté. Faites-lui connoître que, quelque chose qu'il ait fait, j'oublie tout; et qu'à l'avenir il se comporte de maniere à seconder mes vues.

N° XIII.

Au général Menou.

Le 21 fructidor an 6.

Les membres du dyvân doivent porter les schawls tricolores sur l'épaule; les agas porteront un schawl rouge ou tricolore autour du turban.

Assurez-vous de la soumission des villages de votre province qui faisoient partie ci-devant de la province de Garbié.

N° XIV.

Au chérif de la Mekke.

Le 25 fructidor an 6.

Je m'empresse de vous faire connoître mon arrivée, à la tête de l'armée française, au Caire, ainsi que les mesures que j'ai prises pour conserver aux saintes mosquées de la Mekke et de Médine les revenus qui leur étoient affectés. Par les lettres que vous écriront le dyvân et les différents négocians de ce pays-ci, vous verrez avec quel soin je protege les imâms, les chérifs, tous les hommes de loi. Vous y verrez également que j'ai nommé pour émir Hadji, Mustapha bey kiaya de seyd¹, Aboubekir pâchâ gouverneur d'Egypte, et qu'il escortera la karavanne avec des forces qui la mettront à l'abri des incursions des Arabes.

Je desire beaucoup que, par votre réponse, vous me fassiez connoître si vous desirez que je fasse escorter la karavanne par mes troupes, ou seulement par un corps de cavalerie de gens du pays ; mais, dans tous les cas, faites connoître à tous les négociants et fideles que les Musulmans n'ont pas de meilleurs amis que nous ; de même que les chérifs, et tous les hommes qui emploient leur temps et leurs moyens à instruire les peuples, n'ont pas de plus zélés protecteurs ; que le commerce, non seulement n'aura rien à craindre, mais sera spécialement protégé.

J'attends votre réponse par le retour de ce courrier.

Vous me ferez connoître aussi les besoins que vous pouvez avoir, soit en blé, soit en riz, et je veillerai à ce que tout vous soit envoyé.

N° XV.

Au commandant de la caravelle.

Le 11 vendémiaire an 7.

J'ai reçu la lettre que vous vous êtes donné la peine de m'écrire. J'ai appris avec peine que vous aviez éprouvé à Alexandrie quelques désagréments. J'ai donné les ordres au Caire pour que tout votre monde vous rejoignît. Tenez-vous prêt à partir à l'époque à laquelle vous aviez l'habitude de quitter Alexandrie. Faites-moi connoître le temps où vous comptez partir; j'en profiterai pour vous donner des dépêches pour la Porte.

Croyez aux sentiments d'estime, et au desir que j'ai de vous être agréable.

N° XVI.

Au général Caffarelli.

Le 15 vendémiaire an 7.

ARTICLE PREMIER.

Il sera établi sur la pointe du Dibé, sur la côte de Damiette, une tour en briques, pierres, ou terre seche, capable de contenir quinze hommes. Il y aura un mât pour l'établissement des signaux. Il sera établi, pour la défense de cette tour et celle du passage du Dibé, une piece de deux et deux pieces de trois.

II.

Il sera établi à deux points intermédiaires, à la tour que défend le bogaz de Damiette, deux autres tours plus petites, où il n'y aura pas de canon, capables de contenir chacune six hommes, et un mât pour les signaux.

III.

Il sera attaché à chacun de ces signaux deux marins, et chacun de ces petits postes sera approvisionné en eau et toute espece de vivres pour huit jours.

IV.

La surveillance et la direction de ces signaux

dépendra du directeur du génie, qui se concertera à cet effet avec le commandant des armes à Damiette.

V.

Le général du génie donnera les ordres en conséquence.

N° XVII.

Au citoyen Barré, capitaine de frégate.

Le 29 vendémiaire an 7.

J'AI reçu, citoyen, le travail sur les passes d'Alexandrie, que vous m'avez envoyé. Vous avez dû depuis vous confirmer davantage dans les sondes que vous aviez faites. Je vous prie de me répondre à la question suivante :

Si un bâtiment de soixante-quatorze se présente devant le port d'Alexandrie, vous chargez-vous de le faire entrer ?

N° XVIII.

A l'intendant-général.

Le 17 frimaire an 7.

J'ai reçu, citoyen, la lettre que m'a écrite la nation cophte. Je me ferai toujours un plaisir de la protéger. Désormais elle ne sera plus avilie; et, lorsque les circonstances le permettront, ce que je prévois ne pas être éloigné, je lui accorderai le droit d'exercer son culte publiquement, comme il est d'usage en Europe, en suivant chacun sa croyance. Je punirai sévèrement les villages qui, dans les différentes révoltes, ont assassiné des Cophtes. Dès aujourd'hui vous pourrez leur annoncer que je leur permets de porter des armes, de monter sur des mules ou des chevaux, de porter des turbans, et de s'habiller à la maniere qui peut leur convenir.

Mais si tous les jours sont marqués de ma part par des bienfaits, si j'ai à restituer à la nation cophte une dignité et des droits inséparables de l'homme, qu'elle avoit perdus, j'ai le droit sans doute d'exiger des individus qui la composent beaucoup de zele et de fidélité au service de la république. Je ne peux pas vous dissimuler que j'ai eu effectivement à me plaindre du peu de zele que plusieurs ont montré. Comment en effet, lorsque tous les jours des principaux cheykhs me découvrent les trésors des Mamloùks, ceux qui étoient leurs principaux agents ne me font-ils rien découvrir ?

Je rends justice à votre patriarche, dont les vertus et l'intention me sont connues. Je rends justice à votre zele et à celui de vos collaborateurs, et j'espere que dans la suite je n'aurai qu'à me louer de toute la nation cophte.

Je donne l'ordre pour que vous soyez remboursé, dans le courant du mois, des avances que vous avez faites.

N° XIX.

Au contre-amiral Perrée.

Le 26 frimaire an 7.

Je vous envoie, citoyen général, un sabre en remplacement de celui que vous avez perdu à la bataille de Chebreisse. Recevez-le, je vous prie, comme un témoignage de la reconnoissance que j'ai pour les services que vous avez rendus à l'armée dans la conquête de l'Egypte.

N° XX.
Au général commandant à Corfou.

Le 28 frimaire an 7.

Je n'ai point reçu de vos nouvelles, citoyen général, depuis messidor. Je vous ai cependant expédié plusieurs bâtiments, et vous ai tenu instruit de tout ce qui se passoit ici.

Réexpédiez-moi l'adjoint que je vous envoie, le plutôt possible. Je desirerois qu'il ne restât que quarante-huit heures à Corfou. Faites-moi passer par lui tous les états de situation des troupes, et des magasins de la marine et de la terre.

Envoyez-moi toutes les nouvelles que vous auriez de la Turkie et de Constantinople, ainsi que de l'Europe, et toutes les gazettes françaises et italiennes depuis messidor.

N° XXI.

Au dyvân du Caire.

Le 13 nivose an 7.

J'ai reçu la lettre que vous m'avez écrite, que j'ai lue avec le plaisir que l'on éprouve toujours lorsqu'on pense à des gens que l'on estime, et sur l'attachement desquels on compte.

Dans peu de jours je serai au Caire.

Je m'occupe dans ce moment-ci à faire faire les opérations nécessaires pour désigner l'endroit par où l'on peut faire passer les eaux pour joindre le Nil et la mer rouge. Cette communication a existé jadis, car j'en ai trouvé la trace en plusieurs endroits.

J'ai appris que plusieurs pelotons d'Arabes étoient venus commettre des vols autour de la ville. Je desirerois que vous prissiez des informations pour connoître de quelle tribu ils sont; car mon intention est de les punir sévèrement. Il est temps enfin que ces brigands cessent d'inquiéter le pauvre peuple, qu'ils rendent bien malheureux.

Croyez, je vous prie, au desir que j'ai de vous faire du bien.

N° XXII.

Au général Caffarelli.

Le 25 nivose an 7.

Demain, citoyen général, le général Junot part pour Suez.

Je desire que la position du puits qui se trouve vers la moitié du chemin soit déterminée; que les ingénieurs se munissent de tout ce qui sera nécessaire pour descendre dans ce puits; qu'ils reconnoissent si l'on a creusé jusqu'au roc, et s'il seroit possible de creuser davantage; enfin qu'ils mesurent la distance du Caire à Suez.

Après-demain d'autres ingénieurs partiront escortés par cinquante hommes, que le général Junot laisse à cet effet. Ils mesureront aussi la distance du Caire à Suez, par la vallée de l'Egarement.

N° XXIII.

Au contre-amiral Gantheaume.

Le 26 nivose.

Vous vous rendrez à Suez, citoyen général; vous y passerez une inspection rigoureuse de tous les établissements de la marine de Suez; vous donnerez les ordres pour que tous les magasins et établissements soient conformes au projet que j'ai d'organiser et de maintenir à Suez un petit arsenal de construction.

La chaloupe canonniere *la Castiglione* sera sans doute de retour.

Si les trois autres chaloupes canonnieres sont prêtes, bien armées, et dans le cas de remplir une mission dans la mer rouge, vous partirez avec elles.

Vous vous rendrez à Cosseïr. Vous vous emparerez de tous les bâtiments appartenant aux Mamloùks, qui sortiroient du port.

Vous vous emparerez du fort, et vous le ferez mettre sur-le-champ dans le meilleur état de défense.

Vous tâcherez de correspondre avec le général Desaix. Vous laisserez en croisiere, devant le port de Cosséïr, une partie de vos chaloupes canonnieres.

Vous menerez avec vous un commissaire de la marine, et un officier intelligent que vous établirez à Cosséïr commissaire et commandant des armes.

Vous ferez tous les réglements que vous jugerez nécessaires pour l'établissement de la douane, pour la formation des magasins nationaux, la recherche de tout ce qui appartenoit aux Mamloùks, et pour le commerce.

Vous écrirez à Yamb'o, Gedda, et Mokka, pour faire connoître que l'on peut venir, en toute sûreté, commercer dans le port de Suez ; que toutes les mesures ont été prises pour l'organisation du port, et pour pouvoir fournir aux bâtiments tous les secours dont ils auront besoin.

Vous embarquerez sur chacune de vos chaloupes canonnieres vingt hommes, dont quarante de la légion maltaise, dix canonniers que vous laisserez en garnison à Cosséïr, et trente hommes de la trente-deuxieme demi-brigade.

Vous ferez embarquer deux pieces de quatre, de campagne, que vous laisserez pour armer le fort de Cosséïr, si on n'y en trouve pas.

Du reste vous combinerez votre marche de maniere que, autant que les vents pourront le permettre, vous soyez, de votre personne, de retour au Caire du 15 au 20 pluviose.

Je vous enverrai, par l'officier qui part dans deux jours, des lettres pour Mascate et Djedda, que vous ferez parvenir à leur destination.

Si les quatre armements n'étoient pas achevés, vous enverriez alors les trois qui seroient prêts, avec les mêmes instructions que je vous donne; mais vous resteriez à Suez, et donneriez le commandement à un capitaine de frégate.

N° XXIV.

Au sulthân de la Mekke.

Le 6 pluviose.

J'AI reçu la lettre que vous m'avez écrite, et j'en ai compris le contenu. Je vous envoie le réglement que j'ai fait pour la douane de Suez, et mon intention est de le faire exécuter ponctuellement. Je ne doute pas que les négociants de l'Hygiaz ne voient avec gratitude la diminution des droits que j'ai faite pour le plus grand avantage du commerce, et vous pouvez les assurer qu'ils jouiront ici de la plus ample protection.

Toutes les fois que vous aurez besoin de quelque chose en Egypte, vous n'avez qu'à me le faire savoir, et je me ferai un plaisir de vous donner des marques de mon estime.

N° XXV.

Au contre-amiral Gantheaume.

Le 9 pluviose an 7.

Écrivez, citoyen général, par Mokka, au commandant des frégates de l'Isle-de-France en croisiere devant Aden ; instruisez-le des évènements qui nous ont rendus maîtres de l'Egypte, et du desir que j'ai qu'il m'envoie à Suez une frégate ou un bâtiment pour se mettre en correspondance avec moi. Envoyez copie de votre lettre par Moscate, Mokka, et Djedda. Faites-lui connoître que j'ai appris avec plaisir les prises qu'il a faites sur les Anglais.

N° XXVI.

Au citoyen Poussielgue.

11 pluviose an 7.

La femme Selti-Nefsi, veuve d'Aly bey, et femme actuelle de Mourad bey, conservera la partie de ses biens qui lui vient d'Aly bey. Je veux par-là donner une marque d'estime à la mémoire de ce grand homme.

N° XXVII.

Au dyvân du Caire.

11 pluviose.

J'AI reçu votre lettre du 10 pluviose. Non seulement j'ai ordonné à l'aga des janissaires et aux agents de la police de publier que l'on jouira pendant la nuit du ramadan de toute la liberté d'usage, mais encore je desire que vous-même fassiez tout ce qui peut dépendre de vous pour que le ramadan soit célébré avec plus de pompe et de ferveur que les autres années.

Nº XXVIII.

Aux cheykhs, eu'lémas, et autres habitants des provinces de Ghazah, Ramlé, et Jaffa.

Jaffa, 19 ventose an 7.

Dieu est clément et miséricordieux.

Je vous écris la présente pour vous faire connoître que je suis venu dans la Palestine pour en chasser les Mamloùks et l'armée de Djezzar pâchâ.

De quel droit en effet Djezzar pâchâ a-t-il étendu ses vexations sur les provinces de Jaffa, Ramlé, et Ghazah, qui ne font pas partie de son pachalic? De quel droit également avoit-il envoyé ses troupes à êl-A'rych, et par-là fait une invasion dans le territoire de l'Egypte? Il m'a provoqué à la guerre: je la lui ai apportée; mais ce n'est pas à vous, habitants, que mon intention est d'en faire sentir les horreurs.

Restez tranquilles dans vos foyers: que ceux qui, par peur, les avoient quittés y rentrent. J'accorde sûreté et sauve-garde à tous. J'accorde à chacun la propriété qu'il possédoit.

Mon intention est que les cadis continuent

comme à l'ordinaire leurs fonctions, et à rendre la justice; que la religion sur-tout soit protégée et respectée, et que les mosquées soient fréquentées par tous les Musulmans: car c'est de Dieu que viennent tous les biens; c'est lui qui donne la victoire.

Il est bon que vous sachiez que tous les efforts humains sont inutiles contre moi: car tout ce que j'entreprends doit réussir. Ceux qui se déclarent mes amis prosperent; ceux qui se déclarent mes ennemis périssent. L'exemple qui vient d'avoir lieu à Jaffa et à Ghazah doit vous faire connoître que si je suis terrible pour mes ennemis, je suis bon pour mes amis, et sur-tout clément et miséricordieux pour le pauvre peuple.

N° XXIX.

Aux cheykhs, eu'lémas, et commandants, de Jérusalem.

Jaffa, le 19 ventose an 7.

JE vous fais connoître par la présente que j'ai chassé les Mamloùks et les troupes de Djezzar pâchâ des provinces de Ghazah, Ramlé, et Jaffa; que mon intention n'est point de faire la guerre au peuple; que je suis ami des Musulmans; que les habitants de Jérusalem peuvent choisir la paix ou la guerre. S'ils choisissent la premiere, qu'ils envoient au camp de Jaffa des députés pour promettre de ne jamais rien faire contre moi. S'ils étoient assez insensés pour préférer la guerre, je la leur porterai moi-même. Ils doivent savoir que je suis terrible comme le feu du ciel contre mes ennemis, clément et miséricordieux envers le peuple et ceux qui veulent être mes amis.

N° XXX.

Aux cheykhs de Naplouse.

Jaffa, le 19 ventose an 7.

JE me suis emparé de Ghazah, Ramlé, Jaffa, et de toute la Palestine. Je n'ai aucune intention de faire la guerre aux habitants de Naplouse; car je ne viens ici que pour faire la guerre aux Mamloùks et à Djezzar pâchâ, dont je sais que vous êtes les ennemis.

Je leur offre donc, par la présente, la paix ou la guerre. S'ils veulent la paix, qu'ils chassent les Mamloùks de chez eux, et me le fassent connoître en promettant de ne commettre aucune hostilité contre moi. S'ils veulent la guerre, je la leur porterai moi-même. Je suis clément et miséricordieux envers mes amis, mais terrible comme le feu du ciel envers mes ennemis.

N° XXXI.

A Djezzar páchá.

Jaffa, le 19 ventose an 7.

Depuis mon entrée en Egypte je vous ai fait connoître plusieurs fois que mon intention n'étoit point de vous faire la guerre, que mon seul but étoit de chasser les Mamloùks ; vous n'avez répondu à aucune des ouvertures que je vous ai faites.

Je vous avois fait connoître que je desirois que vous éloignassiez Ibrâhym bey des frontieres de l'Egypte. Bien loin de là, vous avez envoyé des troupes à Ghazah ; vous avez fait de grands magasins ; vous avez publié par-tout que vous alliez entrer en Egypte ; vous avez effectué votre invasion, en portant deux mille hommes de vos troupes dans le fort d'èl-A'rych, enfoncé à six lieues dans le territoire de l'Egypte. J'ai dû alors partir du Caire, et vous apporter moi-même la guerre, que vous paroissiez provoquer.

Les provinces de Ghazah, Ramlé, et Jaffa, sont

en mon pouvoir. J'ai traité avec générosité celles de vos troupes qui s'en sont remises à ma discrétion : j'ai été sévere envers celles qui ont violé les droits de la guerre. Je marcherai sous peu de jours sur Saint-Jean d'Acre. Mais quelles raisons ai-je d'ôter quelques années de vie à un vieillard que je ne connois pas? Que sont quelques lieues de plus à côté du pays que j'ai conquis? Et, puisque Dieu me donne la victoire, je veux, à son exemple, être clément et miséricordieux, non seulement envers le peuple, mais encore envers les grands.

Vous n'avez point de raison réelle d'être mon ennemi, puisque vous l'étiez des Mamloùks. Votre pachalic est séparé de l'Egypte par les provinces de Ghazah, de Ramlé, et par d'immenses déserts : redevenez mon ami, soyez l'ennemi des Mamloùks et des Anglais, je vous ferai autant de bien que je vous ai fait et que je peux vous faire de mal. Envoyez-moi votre réponse par un homme muni de vos pleins-pouvoirs, et qui connoisse vos intentions. Il se présentera à mon avant-garde avec un drapeau blanc, et je donne ordre à mon état-major de vous envoyer un sauf-conduit, que vous trouverez ci-joint.

Le 24 de ce mois je serai en marche sur Saint-Jean d'Acre : il faut donc que j'aie votre réponse avant ce jour.

N° XXXII.

A l'émir Béchir.

Au camp d'Acre, le 30 ventose an 7.

Après m'être emparé de toute l'Egypte, j'ai traversé les déserts, et suis entré en Syrie. Je me suis emparé des forts de êl-A'rych, Ghazah, Jaffa, qu'avoient envahis les troupes de Djezzar pâchâ. J'ai battu et détruit toute son armée. Je viens de l'enfermer dans la place d'Acre, devant laquelle je suis depuis avant-hier occupé à en faire le siege.

Je m'empresse de vous faire connoître toutes ces nouvelles, parceque je sais qu'elles vous doivent être agréables, puisque toutes ces victoires anéantissent la tyrannie d'un homme féroce qui a fait autant de mal à la brave nation druse qu'au genre humain.

Mon intention est de rendre la nation druse indépendante, d'alléger le tribut qu'elle paie, et de lui rendre le port de Barut et autres villes qui lui sont nécessaires pour les débouchés de son commerce.

Je desire que, le plutôt possible, vous veniez vous-même, ou vous envoyiez quelqu'un pour me voir ici, afin de prendre tous les arrangements nécessaires pour nous délivrer de nos ennemis communs.

Vous pouvez faire proclamer dans tous les villages de la nation druse que ceux qui voudront porter au camp des vivres, et sur-tout du vin et de l'eau-de-vie, seront exactement payés.

N° XXXIII.

Au cheykh Mustapha-Bechir.

Au camp d'Acre, le premier germinal an 7.

LE cheykh Mustapha-Bechir, homme recommandable par ses talents et son crédit, ce qui lui a mérité les persécutions d'Achmet pâchâ, qui l'a tenu sept ans dans les fers, est nommé commandant de Saffet et du pont de Gisbanet-Yakou.

Il est ordonné à tous les cheykhs et habitants de lui prêter main-forte pour arrêter les Musselmi, les troupes de Djezzar, et autres qui s'opposeroient à l'exécution de nos ordres : il a été à cet effet revêtu d'une pelisse. Il lui est expressément recommandé de ne commettre aucune exaction envers les Fellahs, et de repousser avec courage tous ceux qui prétendroient entrer sur le territoire du pachalic d'Acre.

N° XXXIV.

Au mollah Murad-Radé, à Damas.

Au camp d'Acre, le 7 germinal an 7.

Je m'empresse de vous apprendre mon entrée en Syrie, afin que vous en fassiez part à vos compatriotes de Damas. Djezzar pâchâ ayant fait une invasion en Egypte, et ayant occupé le fort d'êl-A'rych avec ses troupes, je me suis vu obligé de traverser les déserts pour m'opposer à ses agressions. Dieu, qui a décidé que le regne des tyrans, tant en Egypte qu'en Syrie, devoit être terminé, m'a donné la victoire. Je me suis emparé de Ghazah, Jaffa, Caïffa, et je suis devant Acre.

Je desire que vous fassiez connoître aux ulémas, aux chéryfs, aux principaux cheykhs de Damas, et aux agas des janissaires que mon intention n'est point de rien faire qui soit contraire à la religion, aux habitudes et aux propriétés des gens du pays. En conséquence, je desire que la karavanne de la Mekke ait lieu comme à l'ordinaire. J'accorderai à cet effet protection et tout ce dont elle aura besoin. Il suffit qu'on me le fasse savoir.

Je desire que, dans cette circonstance essentielle, les habitants de Damas se conduisent avec la même prudence et la même sagesse qu'ont fait les habitants du Caire. Ils me trouveront le même, clément et miséricordieux envers le peuple, et zélé pour tout ce qui peut intéresser la religion et la justice.

N° XXXV.

A l'ordonnateur en chef.

Au camp d'Acre, le 8 floréal an 7.

Vous ferez connoître, citoyen ordonnateur, aux médecin et chirurgien en chef Desgenettes et Larrey que, voulant leur donner une marque de satisfaction pour les services qu'ils ont rendus et rendent tous les jours à l'armée, je leur accorde à chacun une gratification de 2000 francs, qu'ils pourront toucher à Paris ou au Caire. Vous me ferez connoître leur intention.

N° XXXVI.

Au Directoire exécutif.

Au Caire, le premier messidor an 7.

Le général Bon; le général Caffarelli; le chef de brigade du génie, Detroyes; le chef de bataillon du génie, Say; et le chef d'escadron, Croizier, mon aide-de-camp, morts en Syrie, étoient des officiers du plus grand mérite.

Le général Caffarelli, avec une jambe de bois, étoit toujours aux avant-postes. Son zele, son courage, ses talents, sa sévere probité étoient rares. Il est mort en faisant des projets pour l'instruction de la jeunesse. Sa grande et unique passion étoit la prospérité publique.

N° XXXVII.

Au chef de la soixante-neuvieme demi-brigade.

5 messidor.

J'ai reçu, citoyen, le mémoire historique sur vos compagnies de grenadiers. Votre tort est de ne pas vous être donné les sollicitudes nécessaires pour purger ces compagnies de quinze à vingt mauvais sujets qui s'y trouvoient. Aujourd'hui, il ne faut plus penser qu'à organiser ce corps, et le mettre à même de soutenir, aux premiers évènements, la réputation qu'il s'étoit acquise en Italie.

N° XXXVIII.

Au général Kleber.

5 messidor.

Hassan-Toubar, citoyen général, sort de chez moi; il remet ici, ce soir, son fils en ôtage. C'est un homme âgé de trente ans. Hassan-Toubar part sous peu de jours pour Damiette. Il paroît un peu instruit par le malheur; d'ailleurs son fils nous assure de lui. Je crois qu'il vous sera très utile pour l'organisation du lac Menzaléh, la province de Damiette, les communications avec êl-A'rych, et votre espionnage en Syrie.

N° XXXIX.

Au général Desaix.

7 messidor an 7.

Quoique la karavanne de Darfour se soit très mal conduite, citoyen général, mon intention est que vous fassiez rendre à Krabino, un des chefs de la karavanne, sa propre fille, qui a été enlevée, et qui est demeurée à un des chirurgiens de votre division.

N° XL.

Au dyvân du Caire.

8 messidor an 7.

J'ai fait arrêter le cadi, parceque j'ai lieu de m'en méfier, et que son pere, que j'avois comblé de bienfaits, m'a payé de la plus noire ingratitude. Je vous prie de me présenter quelqu'un pour remplir cette place : il faut que ce soit un homme né en Egypte.

N° XLI.

Au général Dugua.

9 messidor.

Vous trouverez ci-jointe, citoyen général, la lettre du commissaire du gouvernement près le dyvân, qui constate que le cheykh Achmet-êl-Arichi a eu la pluralité des voix. Vous voudrez bien, en conséquence, le faire connoître comme cadi. Il en exercera les fonctions avec les mêmes formalités et de la même maniere dont l'exerçoit ci-devant le cadi. Faites-moi connoître quelles étoient les formalités en usage lors de la réception du cadi; mon intention est de le revêtir moi-même d'une pelisse.

Nº XLII.

Au général Dugua.

9 messidor.

JE vous prie de réunir demain matin chez vous, citoyen général, les membres du dyvân, et de leur faire connoître la lettre ci-jointe, en réponse à celle qu'il m'a écrite ce matin.

Je desire que vous envoyiez de suite quelqu'un rassurer les femmes du cadi, et que vous donniez ordre à la citadelle pour qu'il soit traité avec les plus grands égards.

Je desire également que vous lui fassiez demander le lieu où il desire se rendre : soit qu'il veuille aller en Syrie, soit à Constantinople, je l'y ferai conduire.

N° XLIII.

Au dyvân du Caire.

9 messidor an 7.

J'ai reçu votre lettre ce matin. Ce n'est pas moi qui ai destitué le cadi ; c'est le cadi lui-même qui, comblé de mes bienfaits, a poussé l'oubli de ses devoirs jusqu'à quitter son peuple, et abandonner l'Egypte pour se retirer en Syrie.

J'avois consenti que, provisoirement, pendant la mission qu'il devoit avoir en Syrie, il laissât son fils pour gérer sa place en son absence ; mais je n'aurois jamais cru que ce fils, jeune, foible, dût remplir définitivement la place de cadi. La place de cadi s'est donc trouvée vacante. Qu'ai-je donc dû faire pour suivre le véritable esprit du Coran ? c'est de faire nommer le cadi par l'assemblée des cheykhs ; c'est ce que j'ai fait. Mon intention est donc que le cheykh êl-Arichi, qui a obtenu vos suffrages, soit reconnu, et remplisse les fonctions de cadi. Les premiers califes, en suivant le véritable esprit du Qorân, n'ont-ils pas eux-mêmes été nommés par l'assemblée des fideles ?

Il est vrai que j'ai reçu avec bienveillance le fils

du cadi lorsqu'il est venu me trouver. Aussi mon intention est-elle de ne lui faire aucun mal; et si je l'ai fait conduire à la citadelle, où il est traité avec autant d'égards qu'il le seroit chez lui, c'est que j'ai pensé devoir le faire par mesure de sûreté; mais dès que le nouveau cadi sera publiquement revêtu et exercera ses fonctions, mon intention est de rendre la liberté au fils du cadi, de lui restituer ses biens, et de le faire conduire, avec sa famille, dans le pays qu'il desirera. Je prends ce jeune homme sous ma spéciale protection; aussi bien suis-je persuadé que son père même, dont je connoissois les vertus, n'a été qu'égaré.

C'est à vous à éclairer les bien-intentionnés; et faites ressouvenir enfin aux peuples d'Egypte qu'il est temps que le regne des Osmanlus finisse : leur gouvernement est plus dur cent fois que celui des Mamloùks; et y a-t-il quelqu'un qui puisse penser qu'un cheykh, natif d'Egypte, n'ait point le talent et la probité nécessaires pour remplir la place importante de cadi?

Quant aux mal-intentionnés, et à ceux qui seroient rebelles à ma volonté, faites-moi les connoître : Dieu m'a donné la force pour les punir; ils doivent savoir que mon bras n'est pas foible.

Le dyvân et le peuple d'Egypte doivent donc voir dans cette conduite une preuve toute particuliere de ces sentiments que je nourris dans mon cœur pour leur bonheur et leur prospérité; et si le Nil est le premier des fleuves de l'Orient, le peuple d'Egypte, sous mon gouvernement, doit être le premier des peuples.

N° XLIV.

Au sulthán de Derfour.

12 messidor an 7.

Au nom de Dieu clément et miséricordieux.

Il n'y a d'autre Dieu que Dieu, et Mahomet est son prophete.

Au sulthán de Derfour, Abdel-Rahman, serviteur des deux cités saintes, kalife du glorieux prophete de Dieu, maître des mondes.

J'ai reçu votre lettre; j'en ai compris le contenu.

Lorsque votre karavanne est arrivée j'étois absent, ayant été en Syrie pour punir et détruire nos ennemis. Je vous prie de m'envoyer, par la premiere karavanne, deux mille esclaves noirs, ayant plus de seize ans, forts et vigoureux; je les acheterai tous pour mon compte.

Ordonnez à votre karavanne de venir de suite, et de ne pas s'arrêter en route. Je donne des ordres pour qu'elle soit protégée par-tout.

N° XLV.

Au chérif de la Mekke, le chef de la religion.

12 messidor an 7.

Au nom de Dieu clément et miséricordieux.

Il n'y a pas d'autre Dieu que Dieu, et Mahomet est son prophete.

J'ai reçu votre lettre, et j'en ai compris le contenu. J'ai donné les ordres pour que tout ce qui peut vous persuader de l'estime et de l'amitié que j'ai pour vous, soit fait.

J'espere que, la saison prochaine, vous ferez partir une grande quantité de bâtiments chargés de café et de marchandises des Indes. Ils seront toujours protégés.

Je vous remercie de ce que vous avez fait passer mes lettres aux Indes et à l'Isle-de-France. Faites-y passer celles-ci, et envoyez-moi la réponse.

Croyez à l'estime que j'ai pour vous, et au cas que je fais de votre amitié.

N° XLVI.

Au sulthán de Derfour.

24 messidor an 7.

Au nom de Dieu clément et miséricordieux.
Il n'y a pas d'autre Dieu que Dieu, et Mahomet est son prophete.

Au sulthán de Derfour, Abd-él-Rahman, serviteur des deux cités saintes, et kalife du glorieux prophete de Dieu, maître des mondes.

Je vous écris la présente pour vous recommander Achmet âghâ-kachef, qui est auprès de vous, et son médecin, Soliman, qui se rend à Darfour, et vous remettra ma lettre.

Je desire que vous me fassiez passer deux mille esclaves mâles ayant plus de seize ans.

Croyez, je vous prie, au desir que j'ai de faire quelque chose qui vous soit agréable.

N° XLVII.

A Moussa, chef de la tribu des Annadis.

29 messidor an 7.

Nous vous faisons savoir par une lettre que nous sommes arrivés aujourd'hui à Terrané avec l'armée, pour nous porter dans le Bahiré, afin de pouvoir anéantir d'un seul coup nos ennemis, et confondre tous les projets qu'ils pourroient avoir conçus.

Nous desirons que vous nous envoyiez, pour le premier thermidor au soir, à Rahmanié, quelqu'un de votre part pour nous donner des nouvelles de tout ce qui se passe à Marion et dans le désert, ainsi que de tout ce qui seroit à votre connoissance.

Nous desirons aussi vous voir bientôt, avec bon nombre de vos gens, pour éclairer notre armée.

Recommandez à tous vos Arabes de se bien comporter, afin qu'ils méritent toujours notre protection.

J'ai fait occuper par nos troupes, et mettre des canons dans les couvents du lac Natron. Il sera donc nécessaire, quand quelqu'un de votre tribu ira, qu'il se fasse reconnoître, car j'ai ordonné qu'ils soient traités comme amis. Faites connoître le contenu de cette lettre à tous les cheykhs, sur qui soit le salut.

N° XLVIII.

Au dyván de Rosette.

2 thermidor an 7.

JE vous écris cette lettre pour vous faire connoître que je suis arrivé à Rahmanié, et que je me dispose à me porter contre ceux qui voudroient troubler la tranquillité de l'Egypte. Depuis assez long-temps l'Egypte a été sous le pouvoir des Mamloùks et des Osmanlus, qui ont tout détruit, et l'ont pillée. Dieu l'a remise en mon pouvoir, afin que je lui fasse reprendre son ancienne splendeur. Pour accomplir ses volontés il m'a donné la force nécessaire pour anéantir tous mes ennemis. Je desire que vous teniez note de tous les hommes qui, dans cette circonstance, se conduiroient mal, afin de pouvoir les châtier exemplairement. Je desire également que vous me fassiez passer deux fois par jour des exprès pour me faire savoir ce qui se passe, et que vous envoyiez à Aboùqyr des gens intelligents pour en être instruits.

Le général Aldallah Menou va se rendre à Rosette.

N° XLIX.

Au dyván du Caire, choisi parmi les gens les plus sages, les plus instruits, et les plus éclairés.
Que le salut du prophete soit sur eux!

3 thermidor an 7.

Je vous écris cette lettre pour vous faire connoître qu'après avoir fait occuper le lac Natron, et parcouru le Bahiré, pour rendre la tranquillité à ce malheureux peuple et punir nos ennemis, nous nous sommes rendus à Rahmanié; nous avons accordé un pardon général à la province, qui est aujourd'hui dans une situation parfaitement tranquille.

Quatre-vingts bâtiments petits et gros se sont présentés pour attaquer Alexandrie; mais ayant été accueillis par des bombes et des boulets, ils ont été mouiller à Aboùqyr, où ils commencent à débarquer. Je les laisse faire, parceque mon intention est, lorsqu'ils seront tous débarqués, de les attaquer, de tuer tout ce qui ne voudra pas se rendre, et de laisser la vie aux autres, pour les mener prisonniers, ce qui sera un beau spectacle pour la ville du Caire. Ce qui avoit conduit cette flotte ici étoit l'espoir de se réunir aux Mamloùks et aux Arabes pour piller et dévaster l'Egypte. Il y a sur cette flotte des Russes qui ont en horreur ceux qui croient à l'unité de Dieu, parceque, selon leurs mensonges, ils croient qu'il y en a trois; mais ils ne tarderont pas à voir que ce n'est pas le nombre des dieux qui fait la force, et qu'il n'y en a qu'un seul, pere de la victoire, clément et miséricordieux, combattant toujours pour les bons, confondant les projets des méchants, et qui dans sa sagesse a décidé que je viendrois en Egypte pour en changer la face, et substituer à un régime dévastateur un régime d'ordre et de paix. Il donne par là une marque de sa haute puissance : car ce que n'ont jamais pu faire ceux qui croient à trois, nous l'avons fait, nous qui croyons qu'un seul gouverne la nature et l'univers.

Et quant aux Musulmâns qui pourroient se trouver avec eux, ils seront réprouvés, puisqu'ils se sont alliés, contre l'ordre du prophete, à des puissances infideles et à des idolâtres. Ils ont donc perdu la protection qui leur auroit été accordée; ils périront misérablement. Le Musulmân qui est embarqué sur un bâtiment où est arborée la croix, celui qui tous les jours entend blasphémer contre le seul Dieu, est pire qu'un infidele même. Je desire que vous fassiez connoître ces choses aux différents dyvâns de l'Egypte, afin que les mal-intentionnés ne troublent pas la tranquillité des différents villages; car ils périroient comme Damanhour et tant d'autres, qui ont par leur mauvaise conduite mérité ma vengeance.

Que le salut de paix soit sur les membres du dyvân !

N° L.

Au dyvân de Rosette.

3 thermidor an 7.

Dieu est grand et miséricordieux.

Au dyvân de Rosette, choisi parmi les plus sages et les plus justes.

J'ai reçu votre lettre, j'en ai compris le contenu. J'ai appris avec plaisir que vous aviez les yeux ouverts pour maintenir tout le monde de la ville de Rosette dans le bon ordre. Le général Menou part ce soir avec un bon corps de troupes. Je porte moi-même mon quartier-général à Birket, où je vous prie de m'envoyer les renseignements que vous pourriez avoir.

Faites une circulaire pour faire connoître à tous les villages de la province qu'heureux ceux qui se comporteront bien, et contre qui je n'ai point de plaintes à porter ; car ceux qui sont mes ennemis périront indubitablement.

Que le salut du prophete soit sur vous!

N° LI.

Au général Dugua.

Alexandrie, 15 thermidor an 7.

Le fort d'Aboùqyr, citoyen général, où l'ennemi avoit sa réserve pendant la bataille, et qui avoit été renforcé par quelques fuyards, vient de se rendre. Nous n'avons pas cessé de lui jeter des bombes avec sept mortiers, et nous l'avons entièrement rasé avec huit pieces de vingt-quatre. Nous avons fait deux mille cinq cents prisonniers, parmi lesquels se trouvent le fils du pâchâ, et plusieurs de leurs grands.

Indépendamment de cela, il y a un grand nombre de blessés, et une quantité infinie de cadavres. Ainsi, de quinze à dix-huit mille hommes qui avoient débarqué en Egypte pas un n'a échappé ; tout a été tué dans les différentes batailles, noyé ou fait prisonnier. Je laisse un millier de ces derniers pour les travaux d'Alexandrie ; le reste file sur le Caire.

Le 18, nous serons tous à Rahmanié. Faites

mettre les Anglais au fort Sulkousky ; faites préparer un logement à la citadelle pour le pâchâ, son fils, le grand trésorier, une trentaine de grands, et à-peu-près deux cents officiers du grade de colonel jusqu'à celui de capitaine. S'il est nécessaire, vous pouvez mettre les prisonniers arabes dans un autre fort ; quant aux soldats, du Caire, j'en enverrai à Damiette, Belbéis, Salehié, pour les travaux.

N° LII.

Au général Veaux.

26 thermidor an 7.

Je suis très peiné, citoyen général, d'apprendre que vos blessures vont mal. Je vous engage à passer le plutôt possible en France. Je donne tous les ordres que vous desirez pour vous en faciliter le passage ; j'écris au gouvernement conformément à vos desirs. Vous avez été blessé au poste d'un brave homme qui veut redonner de l'élan à des troupes qu'il voit chanceler ; vous ne devez pas douter que, dans toutes les circonstances, je ne prenne le plus vif intérêt à ce qui vous regarde.

N° LIII.

Au sulthán de Maroc.

28 thermidor an 7.

Il n'y a pas d'autre Dieu que Dieu, et Mahomet est son prophete.

Au nom de Dieu clément et miséricordieux.

Au sulthán de Maroc, serviteur de la sainte Caábé, puissant parmi les rois, et fidele observateur de la loi du vrai prophete.

Nous profitons du retour des pélerins de Maroc pour vous écrire cette lettre, et vous faire connoître que nous leur avons donné toute l'assistance qui étoit en nous, parceque notre intention est de faire dans toutes les occasions ce qui peut vous convaincre de l'estime que nous avons pour vous. Nous vous recommandons en échange de bien traiter tous les Français qui sont dans vos états, ou que le commerce pourroit y appeler.

N° LIV.

Au bey de Tripoli.

28 thermidor an 7.

Il n'y a pas d'autre Dieu que Dieu, et Mahomet est son prophete.

Au nom de Dieu clément et miséricordieux.

Au bey de Tripoli, serviteur de la sainte Caábé, le modele des beys, fidele serviteur de la loi du vrai prophete.

Nous profitons de l'occasion qui se présente pour vous recommander de bien traiter tous les Français qui sont dans vos états, parceque notre intention est de faire dans toutes les occasions tout ce qui pourra vous être agréable, et de vivre en bonne intelligence avec vous.

N° LV.

Au cheykh él-Arichi, cadi asker, distingué par sa sagesse et sa justice.

30 thermidor.

Nous vous faisons connoître que notre intention est que vous ne confiez la place de cadi à aucun

Osmanlu. Vous ne confirmerez dans les provinces, pour la place de cadi, que des Egyptiens.

N° LVI.

Au dyvân.

30 thermidor.

Au nom, etc.

Je pars demain pour me rendre à Menouf, d'où je ferai différentes tournées dans le Delta, afin de voir par moi-même les injustices qui pourroient être commises, et prendre connoissance et des hommes et du pays.

Je vous recommande de maintenir la confiance parmi le peuple. Dites-lui souvent que j'aime les Musulmans, et que mon intention est de faire leur bonheur. Faites-leur connoître que j'ai pour conduire les hommes deux grands moyens, la persuasion et la force; qu'avec l'une je cherche à me faire des amis; qu'avec l'autre je détruis mes ennemis.

Je desire que vous me donniez le plus souvent possible de vos nouvelles, et que vous m'informiez de la situation des choses.

RETOUR

DU GÉNÉRAL BONAPARTE

EN EUROPE.

Après la bataille d'Aboukir, quatre à cinq cents Turks blessés resterent au pouvoir des Français. Le général en chef jugea à propos de les renvoyer à Patrona Bey, vice-amiral de l'escadre turke. Cela donna lieu à des communications fréquentes entre les Français et l'escadre anglaise et turke. Le citoyen Descorches, enseigne de vaisseau chargé de conduire le parlementaire qui portoit les blessés, rapporta les journaux anglais et de Francfort, jusqu'au 10 juin. Ils annonçoient les revers de l'armée d'Italie, sa retraite derriere le Tanaro, et l'évacuation d'une partie de la Suisse. La résolution fut prise sur-le-champ de passer en Europe; mais le contre-amiral Gantaume, et le chef de division Dumanoir, penserent qu'il étoit presque impossible d'échapper à l'escadre anglaise, avec de mauvaises frégates, et dans la saison où nous nous trouvions, tant que le port seroit bloqué.

Le général en chef se rendit au Caire, laissant à Alexandrie le contre-amiral Gantaume, avec l'ordre de préparer les frégates, et de le faire prévenir, par un dromadaire, de l'éloignement de l'escadre anglaise des parages d'Alexandrie.

Le 30 thermidor, à six heures du soir, le contre-amiral Gantaume fit part que les escadres anglaise et turke avoient fait voile pour Chypre. A neuf heures du soir, l'ordre fut expédié à tous ceux qui devoient être du voyage de se tenir prêts à minuit, pour accompagner le général en chef dans une tournée qu'il devoit faire dans la basse Égypte.

Le général Kleber étoit à Damiette : le général en chef lui donna rendez-vous à Alexandrie.

Le général Menou étoit à Rosette : le général en chef lui donna rendez-vous sur la plage d'Aboukir. Le 5 fructidor, à cinq heures du soir, le général en chef l'y trouva. Il lui fit part de son projet, et lui donna le commandement d'Alexandrie.

Le général Kleber n'arrivoit pas; le contre-amiral Gantaume, instruit que le général en chef étoit parti du Caire, avoit fait mettre en rade, à une lieue au large, les deux frégates la *Muiron* et la *Carere*. Une corvette ennemie vint les observer le 5 fructidor à six heures du soir, jusqu'à deux portées de canon. Le général en chef résolut de partir dans la nuit : il ne se donna que le temps de faire venir les bateaux nécessaires pour embarquer ceux qui étoient du voyage. Il remit toutes les instructions au général Menou, pour les faire passer au général Kleber, et partit.

Les vents soufflant constamment du nord-ouest forçoient à courir des bordées au nord-est et sur la côte d'Afrique; et telle fut la contrariété du temps, que nous ne fîmes que cent lieues en vingt jours. Cette longue navigation étoit toutefois exempte du danger des croisieres ennemies; nous tenant toujours entre les trente-deuxieme et trente-troisieme degrés de latitude, et à peu de distance des côtes d'Afrique, nous étions dans des parages sinon inconnus, du moins très peu fréquentés par les marins, et très éloignés de la route que suivent ordinairement les navires pour se rendre d'Europe en Égypte.

Nous attendions, avec une vive impatience, les vents de l'équinoxe; nous comptions sur leur violence pour passer le cap Bon, et échapper à la croisiere anglaise, que nous devions craindre d'y rencontrer.

Le 25 fructidor, le vent d'est commença à souffler. Le 30, nous eûmes doublé le cap d'Ocre; et, le 4 complémentaire, passé le golfe de la Sydre; dans la nuit du 6 complémentaire au 1 vendémiaire, nous passsâmes près de la Lampedouse; et, le 1 vendémiaire, nous découvrîmes la Pantellerie. Ce jour, anniversaire de la fondation de la république, fut célébré à bord des deux frégates. Sur le soir, le calme nous prit à deux lieues du château de Gallipoly; mais, vers onze heures, le vent d'est commença à souffler bon frais: nous doublâmes le cap Bon dans la nuit; et le 2 vendémiaire, à midi, nous étions par le travers de Biserte.

Le vent continuant à nous être favorable, nous nous trouvâmes, le 4 vendémiaire, par le travers du golfe de l'Oristan, en Sardaigne. Le 5, nous découvrîmes le cap Falcon; et, le 7, nous eûmes dépassé les bouches de Bonifacio.

Le contre-amiral Gantaume envoya la *Revanche* prendre langue à Ajaccio. Privés depuis si long-temps des nouvelles d'Europe, nous étions incertains même sur le sort de la Corse. Le 8 vendémiaire au soir, nous entrâmes dans le golfe d'Ajaccio. N'ayant encore aucunes nouvelles de la *Revanche*, et ne voulant pas, la nuit, par un vent grand frais, rester dans le golfe, on vira de bord, et les frégates gagnèrent le large.

Le 9 au matin, le vent de nord-ouest (mistral) souffla avec violence, et nous força à retourner à Ajaccio. Il étoit à craindre, en effet, qu'un accident arrivé à des frégates mal gréées et mal mâtées, ne nous rejetât dans des parages d'où la fortune nous avoit fait sortir sans rencontrer d'ennemis. En entrant dans le golfe d'Ajaccio, nous retrouvâmes la *Revanche*, qui, pour s'abriter, avoit jeté l'ancre près de la côte; on lui fit des signaux, elle répondit, par les siens, que la Corse étoit toujours française, et vint ensuite nous donner des nouvelles plus détaillées. Les frégates alors entrerent à pleines voiles dans le port.

Ce fut à Ajaccio que nous apprîmes la suite de nos revers en Italie, la prise de Mantoue, les batailles de Novi, de la Trebia, la descente des anglo-russes en Batavie, et les évènements de prairial.

Les vents soufflant constamment du nord-ouest, nous retinrent dans le port d'Ajaccio, depuis le 9 jusqu'au 15 vendémiaire. Dans cet intervalle, nous essayâmes une fois de sortir, mais les vents nous forcerent de nouveau à rentrer dans le port.

En partant d'Alexandrie, le général Bonaparte avoit fait suivre les frégates par deux avisos, la *Revanche* et l'*Indépendant*. Il fit préparer en Corse une gondole avec de bons rameurs, qui fut amarrée à la *Muiron*: dans le cas où l'on eût rencontré les ennemis, il étoit facile à un de ces trois bâtiments de leur échapper.

Enfin, le 15 vendémiaire, à sept heures du soir, nous mîmes à la voile; et, le 16 au soir, nous apperçûmes les côtes de France. Au moment où le soleil se couchoit, la vigie découvrit une voile. L'adjudant du contre-amiral Gantaume monta sur le grand mât, et apperçut huit à dix voiles qu'il assura être des vaisseaux de ligne anglais. Le contre-amiral Gantaume, pensant que nous avions été vus, crut devoir engager le général Bonaparte à retourner en Corse; mais le général persista à faire route pour France. Le contre-amiral ordonna le branle-bas général, et mit le cap au nord-nord-ouest. A minuit, nous touchions les côtes de France; mais la grande obscurité de la nuit nous empêcha de voir où nous étions; on mit en panne pour attendre le jour : il parut, et nous fit distinguer le cap Taillat, entre les isles d'Hieres et Fréjus. Il fut décidé qu'on entreroit à Fréjus; et, le 17 vendémiaire, à dix heures du matin, nous jetâmes l'ancre dans ce port.

L'enthousiasme fut universel lorsqu'on apprit que le général Bonaparte étoit à bord des frégates. Là, comme en Corse, malgré les observations et les instances les plus pressantes sur le danger qui pouvoit résulter de la non observance de la quarantaine, les deux frégates furent en un instant remplies de monde. La santé nous déclara exempts de faire quarantaine, et à midi nous touchâmes le sol de France, le quarante-septieme jour de notre départ d'Alexandrie.

Le même jour, le général Bonaparte partit pour Paris. Il reçut sur toute la route les témoignages de l'alégresse publique et de la confiance qu'inspiroit son retour inattendu. Il arriva à Paris le 23 vendémiaire.

FIN.

On trouve chez P. DIDOT l'ainé, aux galeries du Palais des Sciences et Arts,

Mémoires sur l'Egypte, publiés pendant les campagnes du général Bonaparte, dans les années VI et VII; un volume in-8°, imprimé sur papier fin, avec deux cartes géographiques.

www.ingramcontent.com/pod-product-compliance
Lightning Source LLC
Chambersburg PA
CBHW050805170426
43202CB00013B/2570